致力于绿色发展的城乡建设

区域与城市群竞争力

全国市长研修学院系列培训教材编委会　编写

中国建筑工业出版社

审图号：GS（2019）3812号

图书在版编目（CIP）数据

区域与城市群竞争力／全国市长研修学院系列培训教材编委会编写．—北京：中国建筑工业出版社，2019.7
（致力于绿色发展的城乡建设）
ISBN 978-7-112-23967-2

Ⅰ．①区…　Ⅱ．①全…　Ⅲ．①城市群－区域经济发展－竞争力－研究－中国　Ⅳ．①F299.27

中国版本图书馆CIP数据核字（2019）第138548号

责任编辑：尚春明　咸大庆　郑淮兵　田立平　焦　阳
责任校对：王　烨

致力于绿色发展的城乡建设
区域与城市群竞争力
全国市长研修学院系列培训教材编委会　编写

*

中国建筑工业出版社出版、发行（北京海淀三里河路9号）
各地新华书店、建筑书店经销
北京锋尚制版有限公司制版
北京富诚彩色印刷有限公司印刷

*

开本：787×1092毫米　1/16　印张：11　字数：173千字
2019年11月第一版　2019年11月第一次印刷
定价：82.00元
ISBN 978-7-112-23967-2
（34242）

全国市长研修学院系列培训教材编委会

贯彻落实新发展理念
推动致力于绿色发展的城乡建设

习近平总书记高度重视生态文明建设和绿色发展，多次强调生态文明建设是关系中华民族永续发展的根本大计，我们要建设的现代化是人与自然和谐共生的现代化，要让良好生态环境成为人民生活的增长点、成为经济社会持续健康发展的支撑点、成为展现我国良好形象的发力点。生态环境问题归根结底是发展方式和生活方式问题，要从根本上解决生态环境问题，必须贯彻创新、协调、绿色、开放、共享的发展理念，加快形成节约资源和保护环境的空间格局、产业结构、生产方式、生活方式。推动形成绿色发展方式和生活方式是贯彻新发展理念的必然要求，是发展观的一场深刻革命。

中国古人早就认识到人与自然应当和谐共生，提出了"天人合一"的思想，强调人类要遵循自然规律，对自然要取之有度、用之有节。马克思指出"人是自然界的一部分"，恩格斯也强调"人本身是自然界的产物"。人类可以利用自然、改造自然，但归根结底是自然的一部分。无论从世界还是从中华民族的文明历史看，生态环境的变化直接影响文明的兴衰演替，我国古代一些地区也有过惨痛教训。我们必须继承和发展传统优秀文化的生态智慧，尊重自然，善待自然，实现中华民族的永续发展。

随着我国社会主要矛盾转化为人民日益增长的美好生活需要和不平衡不充分的发展之间的矛盾，人民群众对优美生态环境的需要已经成为这一矛盾的重要方面，广大人民群众热切期盼加快提高生态环境和人居环境质量。过去改革开放40年主要解决了"有没有"的问题，现在要着力解决"好不好"的问题；过去主要追求发展速度和规模，现在要更多地追求质量和效益；过去主要满足温饱等基本需要，现在要着力促进人的全面发展；过去发展方式重经济轻环境，现在要强调"绿水青山就是金山银山"。我们要顺应新时代新形势新任务，积极回应人民群众所想、所盼、所急，坚持生态优先、绿色发展，满足人民日益增长的对美好生活的需要。

我们应该认识到，城乡建设是全面推动绿色发展的主要载体。城镇和乡村，是经济社会发展的物质空间，是人居环境的重要形态，是城乡生产和生活活动的空间载体。城乡建设不仅是物质空间建设活动，也是形成绿色发展方式和绿色生活方式的行动载体。当前我国城乡建设与实现"五位一体"总体布局的要求，存在着发展不平衡、不协调、不可持续等突出问题。一是整体性缺乏。城市规模扩张与产业发展不同步、与经济社会发展不协调、与资源环境承载力不适应；城市与乡村之间、城市与城市之间、城市与区域之间的发展协调性、共享性不足，城镇化质量不高。二是系统性不足。生态、生产、生活空间统筹不够，资源配置效率低下；城乡基础设施体系化程度低、效率不高，一些大城市"城市病"问题突出，严重制约了推动形成绿色发展方式和绿色生活方式。三是包容性不够。城乡建设"重物不重人"，忽视人与自然和谐共生、人与人和谐共进的关系，忽视城乡传统山水空间格局和历史文脉的保护与传承，城乡生态环境、人居环境、基础设施、公共服务等方面存在不少薄弱环节，不能适应人民群众对美好生活的需要，既制约了经济社会的可持续发展，又影响了人民群众安居乐业，人民群众的获得感、幸福感和安全感不够充实。因此，我们必须推动"致力于绿色发展的城乡建设"，建设美丽城镇和美丽乡村，支撑经济社会持续健康发展。

我们应该认识到，城乡建设是国民经济的重要组成部分，是全面推动绿色发展的重要战场。过去城乡建设工作重速度、轻质量，重规模、轻效益，重眼前、轻长远，形成了"大量建设、大量消耗、大量排放"的城乡建设方式。我国每年房屋新开工面积约 20 亿平方米，消耗的水泥、玻璃、钢材分别占全球总消耗量的 45%、40% 和 35%；建筑能源消费总量逐年上升，从 2000 年 2.88 亿吨标准煤，增长到 2017 年 9.6 亿吨标准煤，年均增长 7.4%，已占全国能源消费总量的 21%；北方地区集中采暖单位建筑面积实际能耗约 14.4 千克标准煤；每年产生的建筑垃圾已超过 20 亿吨，约占城市固体废弃物总量的 40%；城市机动车排放污染日趋严重，已成为我国空气污染的重要来源。此外，房地产业和建筑业增加值约占 GDP 的 13.5%，产业链条长，上下游关联度高，对高能耗、高排放的钢铁、建材、石化、有色、化工等产业有重要影响。因此，推动"致力于绿色发展的城乡建设"，转变城乡建设方式，推广适于绿色发展的新技术新材料新标准，建立相适应的建设和监管体制机制，对促进城乡经济结构变化、促进绿色增长、全面推动形成绿色发展方式具有十分重要的作用。

时代是出卷人，我们是答卷人。面对新时代新形势新任务，尤其是发展观的深刻革命和发展方式的深刻转变，在城乡建设领域重点突破、率先变革，推动形成绿色发展方式和生活方式，是我们责无旁贷的历史使命。

推动"致力于绿色发展的城乡建设"，走高质量发展新路，应当坚持六条基本原则。一是坚持人与自然和谐共生原则。尊重自然、顺应自然、保护自然，建设人与自然和谐共生的生命共同体。二是坚持整体与系统原则。统筹城镇和乡村建设，统筹规划、建设、管理三大环节，统筹地上、地下空间建设，不断提高城乡建设的整体性、系统性和生长性。三是坚持效率与均衡原则。提高城乡建设的资源、能源和生态效率，实现人口资源环境的均衡和经济社会生态效益的统一。四是坚持公平与包容原则。促进基础设施和基本公共服务的均等化，让建设成果更多更公平惠及全体人民，实现人与人的和谐发展。五是坚持传承与发展原则。在城乡建设中保护弘扬中华优秀传统文化，在继承中发展，彰显特色风貌，让居民望得见山、看得见水、记得住乡愁。六是坚持党的全面领导原则。把党的全面领导始终贯穿"致力于绿色发展的城乡建设"的各个领域和环节，为推动形成绿色发展方式和生活方式提供强大动力和坚强保障。

推动"致力于绿色发展的城乡建设",关键在人。为帮助各级党委政府和城乡建设相关部门的工作人员深入学习领会习近平生态文明思想,更好地理解推动"致力于绿色发展的城乡建设"的初心和使命,我们组织专家编写了这套以"致力于绿色发展的城乡建设"为主题的教材。这套教材聚焦城乡建设的 12 个主要领域,分专题阐述了不同领域推动绿色发展的理念、方法和路径,以专业的视角、严谨的态度和科学的方法,从理论和实践两个维度阐述推动"致力于绿色发展的城乡建设"应当怎么看、怎么想、怎么干,力争系统地将绿色发展理念贯穿到城乡建设的各方面和全过程,既是一套干部学习培训教材,更是推动"致力于绿色发展的城乡建设"的顶层设计。

专题一:**明日之绿色城市**。面向新时代,满足人民日益增长的美好生活需要,建设人与自然和谐共生的生命共同体和人与人和谐相处的命运共同体,是推动致力于绿色发展的城市建设的根本目的。该专题剖析了"城市病"问题及其成因,指出原有城市开发建设模式不可持续、亟需转型,在继承、发展中国传统文化和西方人文思想追求美好城市的理论和实践基础上,提出建设明日之绿色城市的目标要求、理论框架和基本路径。

专题二:**绿色增长与城乡建设**。绿色增长是不以牺牲资源环境为代价的经济增长,是绿色发展的基础。该专题阐述了我国城乡建设转变粗放的发展方式、推动绿色增长的必要性和迫切性,介绍了促进绿色增长的城乡建设路径,并提出基于绿色增长的城市体检指标体系。

专题三:**城市与自然生态**。自然生态是城市的命脉所在。该专题着眼于如何构建和谐共生的城市与自然生态关系,详细分析了当代城市与自然关系面临的困境与挑战,系统阐述了建设与自然和谐共生的城市需要采取的理念、行动和策略。

专题四:**区域与城市群竞争力**。在全球化大背景下,提高我国城市的全球竞争力,要从区域与城市群层面入手。该专题着眼于增强区域与城市群的国际竞争力，分析了致力于绿色发展的区域与城市群特征，介绍了如何建设具有竞争力的区域与城市群，以及如何从绿色发展角度衡量和提高区域与城市群竞争力。

专题五：城乡协调发展与乡村建设。绿色发展是推动城乡协调发展的重要途径。该专题分析了我国城乡关系的巨变和乡村治理、发展面临的严峻挑战，指出要通过"三个三"（即促进一二三产业融合发展，统筹县城、中心镇、行政村三级公共服务设施布局，建立政府、社会、村民三方共建共治共享机制），推进以县域为基本单元就地城镇化，走中国特色新型城镇化道路。

专题六：城市密度与强度。城市密度与强度直接影响城市经济发展效益和人民生活的舒适度，是城市绿色发展的重要指标。该专题阐述了密度与强度的基本概念，分析了影响城市密度与强度的因素，结合案例提出了确定城市、街区和建筑群密度与强度的原则和方法。

专题七：城乡基础设施效率与体系化。基础设施是推动形成绿色发展方式和生活方式的重要基础和关键支撑。该专题阐述了基础设施生态效率、使用效率和运行效率的基本概念和评价方法，指出体系化是提升基础设施效率的重要方式，绿色、智能、协同、安全是基础设施体系化的基本要求。

专题八：绿色建造与转型发展。绿色建造是推动形成绿色发展方式的重要领域。该专题深入剖析了当前建造各个环节存在的突出问题，阐述了绿色建造的基本概念，分析了绿色建造和绿色发展的关系，介绍了如何大力开展绿色建造，以及如何推动绿色建造的实施原则和方法。

专题九：城市文化与城市设计。生态、文化和人是城市设计的关键要素。该专题聚焦提高公共空间品质、塑造美好人居环境，指出城市设计必须坚持尊重自然、顺应自然、保护自然，坚持以人民为中心，坚持以文化为导向，正确处理人和自然、人和文化、人和空间的关系。

专题十：统筹规划与规划统筹。科学规划是城乡绿色发展的前提和保障。该专题重点介绍了规划的定义和主要内容，指出规划既是目标，也是手段；既要注重结果，也要注重过程。提出要通过统筹规划构建"一张蓝图"，用规划统筹实施"一张蓝图"。

专题十一：美好环境与幸福生活共同缔造。美好环境与幸福生活共同缔造，是促进人与自然和谐相处、人与人和谐相处，构建共建共治共享的社会治理格局的重要工作载体。该专题阐述了在城乡人居环境建设和整治中开展"美好环境与幸福生活共同缔造"活动的基本原则和方式方法，指出"共同缔造"既是目的，也是手段；既是认识论，也是方法论。

专题十二：政府调控与市场作用。推动"致力于绿色发展的城乡建设"，必须处理好政府和市场的关系，以更好发挥政府作用，使市场在资源配置中起决定性作用。该专题分析了市场主体在"致力于绿色发展的城乡建设"中的关键角色和重要作用，强调政府要搭建服务和监管平台，激发市场活力，弥补市场失灵，推动城市转型、产业转型和社会转型。

绿色发展是理念，更是实践；需要坐而谋，更需起而行。我们必须坚持以习近平新时代中国特色社会主义思想为指导，坚持以人民为中心的发展思想，坚持和贯彻新发展理念，坚持生态优先、绿色发展的城乡高质量发展新路，推动"致力于绿色发展的城乡建设"，满足人民群众对美好环境与幸福生活的向往，促进经济社会持续健康发展，让中华大地天更蓝、山更绿、水更清、城乡更美丽。

王蒙徽

2019 年 4 月 16 日

前言

近百年来，交通和通信技术出现了突破式发展，促进了生产要素在全球范围的流动，世界连接成一个巨大的生产要素流动网络。在这幅货流、客流、信息流的全球图景中，城市通过提升自身的竞争力，吸引有利于城市发展的资源，形成城市竞争，并促进了大量城市的快速发展。但是，在同一个区域内，城市间若分工协作不足，低水平同质化竞争，也会带来重复建设、以邻为壑、侵害生态资源等城市问题。

随着邻近城市之间道路与轨道系统的连通，同一区域内产业链上下游企业将会更加紧密合作，相邻城市发展边界逐步融合，区域内的大、中、小城市和小城镇逐渐成为一个整体，构筑起具有经济、社会、文化、生态丰富内涵的城市群发展格局，区域与城市群成为新时期参与到国际竞争中的重要单元。

习近平总书记在《推动我国生态文明建设迈上新台阶》文章中提出全面推动绿色发展，实现经济社会发展和生态环境保护协调统一、人与自然和谐共处。绿色发展是新发展理念的重要组成部分，与创新发展、协调发展、开放发展、共享发展相辅相成、相互作用，是构建高质量现代化经济体系的必然要求。

区域与城市群应致力于绿色发展，处理好城市与城市之间的关系、城市与自然的关系、人与自然的关系，形成高效、安全、生态的空间格局。一个致力于绿色发展的区域与城市群具有协调发展的空间布局、富有价值的生态空间、完善的设施基础、高效的生产要素"流空间"、可持续的城市资本、强驱动力的创新要素分布、多维度的组织协调机制等特征。

在绿色发展的区域与城市群中，大、中、小城市和小城镇均可以充分发挥自身的比较优势，与其他城市联合形成立足于世界的竞争力，居民和企业可以在区域与城市群中获得充分的发展机会和优质多样的城市服务。同时，具有自我调节能力的生态系统为区域与城市群可持续发展提供了坚实的生态保障。

构筑致力于绿色发展的区域与城市群竞争力，关键在于形成大、中、小城市协调发展的多中心城市体系，合理布局生产空间——让该干什么的地方干什么，建设快慢结合的交通与土地区域开发模式，共建共享区域与城市群的绿水青山，创新以项目为抓手建立城市群跨界协同发展机制等。这些举措将使区域与城市群具有充分的韧性、足够的创新力和可持续的发展能力，既具备对外部资源的吸引力，也具备培育创新要素和形成内生动力的能力。

本书分成五章，第一章阐述了全球化和绿色发展背景下，从以城市为单元的竞争转向以区域与城市群为单元的竞争；第二章描述了致力于绿色发展竞争力的区域与城市群的特征和空间形态；第三章探讨了如何建设具有竞争力的区域与城市群；第四章建立了系统性的指标，衡量分析绿色发展下区域与城市群的竞争力；最后一章通过案例提出可对标的成功经验。

目录

01

全球化与绿色发展：从城市竞争力到区域与城市群竞争力

● 本章界定了区域与城市群的概念，认为在全球化大背景下，单独的一个城市已经无法承担全球竞争任务，需要以区域与城市群的方式来提高竞争力和效益。

● 区域内不同城市可以通过分工和协作，更好地发挥自己的比较优势，形成相互紧密联系、具有特色的城市群，参与到全球竞争中去。

● 城市间的过度竞争，会造成区域和城乡发展的不协调。未来成功的地区将是致力于绿色发展的区域，是能够处理好城市与自然的关系、城市与城市的关系的区域，是能够在经济竞争力、社会凝聚力和环境可持续能力之间实现平衡的区域。

1.1 区域与城市群

1.1.1 什么是区域

（1）区域的概念

"区域"是一个综合的概念，不同学科对区域有不同层面的定义。

1 埃德加·胡佛：《区域经济学导论》，王翼龙译，商务印书馆，1990，第121页。

地理学把"区域"作为地球表面的一个地理单元；经济学把"区域"理解为一个在经济上相对完整的经济单元；政治学一般把"区域"看作国家实施行政管理的行政单元；社会学把"区域"作为具有人类某种相同社会特征（语言、宗教、民族、文化）的聚居区。区域经济学家埃德加·胡佛认为"区域就是对描写、分析、管理、规划或制定政策来说，被认为有用的一个地区统一体"。[1]

（2）区域边界的界定

区域是在环境、经济、社会、文化等层面上具有一致性的地域范围，相应地，我们也可以从生态、生产、生活等多个方面，对区域进行空间范围的界定。

生态上的流域、山川、盆地、三角洲等可作为区域划分的依据，以生态基础为区域的边界划定奠定了自然的格局。在生产上，可以以产业联系的紧密程度、服务与被服务的关系、产品与市场的关系、投资联系、物流联系等作为区域边界划分的依据。在生活方面，可以基于人群出行的紧密程度、通信联系的密切程度，以及是否属于同一个或者相似的文化体系等划定区域的范围。

（3）区域与城市的关系

①区域是城市发展的基础

区域是城市发展的有力依托，为各个城市提供生态、生产、生活方面的基础。例如：在生态方面，为城市提供大气、水、农林渔牧业

GLOBALIZATION AND GREEN
DEVELOPMENT: FROM
URBAN COMPETITIVENESS
TO REGION AND URBAN
AGGLOMERATION
COMPETITIVENESS

的生产资源等；在生产方面，为城市提供劳动力、生产原材料、产品市场等；在生活方面，区域内各种等级规模和类别的具有独特魅力的城市为每个城市的居民提供不同等级的设施服务和不同类型的文化体验。区域从各个方面支持着城市的持续发展。

②城市是区域发展的中心

城市是区域的中心，为广阔的区域提供各种类型的就业机会与城市服务，区域内的多个城市共同支撑起广阔城乡地区的发展。

区域中的中心城市，如京津冀城市群中的北京、天津，长三角中的上海、杭州、南京，粤港澳大湾区中的香港、澳门、广州、深圳，对所在区域能够形成资源统筹的能力，为整体区域提供金融、商贸、法律等方面的专业服务。此外，它们还起到区域门户的作用，促进区域内的城市与全球其他城市的资源对接。

区域中的中小城市或城区，如长三角中的宁波、昆山等，粤港澳大湾区中的南海、顺德等，云浮市的新兴县城，以及长沙市下辖的浏阳市等，不仅是所在城乡区域（如所在市域、县域）的中心，对城乡区域起统筹作用，也可以通过自身生产的产品和提供的服务（如汽车零部件、电子信息零部件等），融入更大的区域生产体系（如省域、经济一体化地区等）中。

专栏：不同层面的区域——县域、市域、经济一体化区域

（1）县域是相对于县一级行政单元的资源统筹范围，可理解为县城及其腹地。在其中，县城需要发挥对县域范围内乡镇的统筹作用，并成为县域范围内生产、发展资源与外界进行交换、对接的平台和窗口。

（2）市域是相对于市一级行政单元的资源统筹范围，市域内以中心城区作为统筹资源的核心，市域内的多个层级的中心相互之间又形成交叉联系。

（3）突破行政边界的经济一体化发展区域，如长三角、粤港澳大湾区、京津冀地区等，是由相连的多个城市构成的城市间协同发展区。

1.1.2　什么是城市群

（1）城市群的概念

随着交通和信息技术的发展，城市之间的时空距离进一步压缩，人流、物流、信息流越来越紧密，相互之间的关系越来越密切，区域内的经济活动、交流活动等突破了原来城市的行政边界，大、中、小城市和小城镇逐渐重组为功能相互依存的城市群。

城市群成为我国城镇化主体，如我国的京津冀城市群、长三角、粤港澳大湾区等地区。形态上分离但功能上相互联系的若干个城镇集聚在一个或多个较大的中心城市周边，通过新的劳动分工显示出巨大的经济力量。这些城镇既作为独立的实体存在（即大多数居民在本地工作，大多数就业者是本地居民），同时也是广阔的城乡建设区域的一部分，它们被高速公路、高速铁路和电线电缆所传输的密集的人流、信息流、物流，即"流动空间"连接起来成为一个整体。这是21世纪出现的城市形式。[1]

1　彼得·霍尔、凯西·佩恩：《多中心大都市——来自欧洲巨型城市－区域的经验》，罗震东等译，中国建筑工业出版社，2010，第92页。

2　周一星：《城市地理学》，商务印书馆，1995。

3　宁越敏：《国外大都市规划体系评述》，《世界地理研究》2003年第1期。

专栏：学者对大都市区与城市群的定义

大都市区的概念

周一星提出"大都市区是一个大的人口核心以及与这个核心具有高度的社会经济一体化倾向的邻接社区的组合"。[2]

宁越敏指出"大都市区是城市功能区的概念，它是由具有一定人口规模的中心城市和周边与之有密切联系的县域组成，中心城市是核心区，周边县域是边缘区"。[3]

城市群的概念

中国的城市群概念来源于国外大都市带的概念。1957年，法国地理学家戈特曼在研究美国东北部大西洋沿岸的城镇密集地区时，借用原意为巨大城邦的古希腊语"megalopolis"来描述这种巨大的城市化区域，并提出"megalopolis"是由连成一体的许多都市区组成，在经济、社会、文化等各方面活动上存在着密切交互作用的、巨大的城市地域复合体。

在我国，申维丞最早在1980年出版的《城市规划译文集1》里的"兰斯塔德——西欧典型的城镇群"一文中提出"城镇群"一词，将兰斯塔德界定为

GLOBALIZATION AND GREEN
DEVELOPMENT: FROM
URBAN COMPETITIVENESS
TO REGION AND URBAN
AGGLOMERATION
COMPETITIVENESS

"一个由大、中、小型城镇集合而成的城镇群"。[1]1981年，尹培桐根据日本彰国社1978年出版的《现代城市规划用语》，将戈特曼提出的"megalopolis"翻译为"大城市群"。[2]

1985年，宋家泰、崔功豪、张同海等3人在其编著的《城市总体规划》一书中首次提出了"城市群"这一术语，认为城市群是"多经济中心的城市区域"，即在一个特定地区内，除其中一个作为行政－经济中心外，还存在具有同等经济实力或水平的几个非行政性的经济中心，"苏锡常""长株潭""沈鞍抚本辽"等城市群是典型代表。[3]

1992年，姚士谋在其著作《中国城市群》中首次使用"城市群"命名中国大尺度的城市密集地域，并将其定义为："在特定的地域范围内具有相当数量的不同性质、类型和等级规模的城市，依托一定的自然环境条件，以一个或两个超大或特大城市作为地区经济的核心，借助于现代化的交通工具和综合运输网的通达性，以及高度发达的信息网络，发生与发展着城市个体之间的内在联系，共同构成一个相对完整的城市综合体"。[4]

1 申维丞：《兰斯塔德——西欧典型的城镇群》，载北京城市规划管理局科学处情报组编《城市规划译文集1》，中国建筑工业出版社，1981，第60-66页。

2 尹培桐：《现代城市规划名词术语浅释》，中国建筑工业出版社，1981。

3 宋家泰、崔功豪、张同海：《城市总体规划》，商务印书馆，1985。

4 姚士谋：《中国城市群》，中国科学技术大学出版社，1992。

（2）城市群是区域发展的高级空间形态

区域内部的城市空间发展，经历了一个由城市核心向边缘地区的空间扩张、由单个城市向城市群空间形态演变的过程（图1-1）：

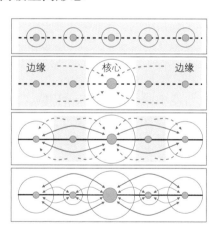

图1-1　城市群的演变历程

图片来源：Friedmann J, "Regional development policy: A case study of Venezuela," *Urban Studies* 4, no.3(1966):309-311

"独立小中心城市—广大腹地"的均质区域：区域处于均质无序的发展状态，区域内有一些中心城市，但腹地范围非常狭小，无等级结构分异，区域不平衡现象不显著。

"单个大中心城市—落后外围地区"的单中心区域：区域少数的强中心出现，大量的人流、物流、资金流等涌入中心地区，周边地区资源大量被剥夺，发展受到极大的限制，核心—边缘的对比开始出现，区域空间结构日趋不平衡。

"多个规模不等的中心城市—各自的外围地区"的多中心区域：边缘区域内部相对优越的部分出现了高速度的经济增长，新的经济中心产生，每个中心城市都有腹地（外围地区），形成区域经济中心体系，核心—边缘结构逐步转变为多核心结构。

联系紧密和功能一体化的网络化区域：区域内各地之间联系非常紧密，形成综合的网络结构。在职能上相互依存的城市体系产生，即形成空间一体化的大规模城市化区域。

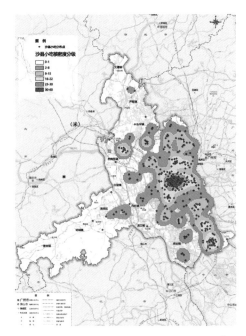

图 1-2　市域层面的节点城镇：佛山市沙县小吃 POI[1] 图
图片来源：作者自绘

本书讨论的区域与城市群，是指如长三角、粤港澳大湾区、京津冀、长株潭、成渝等尺度下的城市群。但是在县域层面、市域层面，也同样需要对各个节点城镇进行统筹（图 1-2）。

1　POI："Point of Interest" 的缩写，常译为兴趣点、信息点。每个 POI 包含四方面信息：名称、类别、坐标、分类。POI 被称为"导航地图信息"，是导航产业的基石，能在一定程度上刻画城市及城市群空间结构。

1.2　全球化与城市间竞争的演变

1.2.1　全球生产要素的流动，带来城市间的竞争

（1）技术发展带来的时空压缩，使生产要素在全球范围内流动

以交通和通信技术为支撑，世界如同由"网络"和"流动"连接起来的空间体系。喷气式飞机和海运集装箱的使用，以及互联网技术

GLOBALIZATION AND GREEN
DEVELOPMENT: FROM
URBAN COMPETITIVENESS
TO REGION AND URBAN
AGGLOMERATION
COMPETITIVENESS

专栏：交通与通信技术的发展，带来时空的压缩

在马车时代城市仅能在 3~5km 范围内统筹资源，发展部分商业与初级手工业。

在铁路和蒸汽轮船时代，城市成为带动更广阔城乡地区的核心，地区间的分工也逐步建立。曼彻斯特作为世界上第一座工业化城市在此背景下发展起来。

在全球化时代，喷气式飞机和海运集装箱的使用，以及互联网技术的崛起，为资本、人才、信息、技术等生产要素在全球范围内流动提供了便利条件。纽约与纽约湾区、东京与东京湾区、伦敦与英国东南部地区、硅谷与旧金山湾区这种能够统筹全球资源的全球城市及其所在区域，逐步矗立在世界经济版图之上。

的崛起，带来时空的压缩，造就了生产要素在全球范围内流动。以纵横交错的实体和虚拟的网络为依托，人员、商品、服务、信息在世界范围内实现不断的、及时的交换。

（2）城市如同企业，需要通过提升竞争力，在市场经济环境中发展

企业的竞争，是指对全球范围内流动的生产资源和人才，以及全球范围内销售市场的争夺。企业通过提升自身的竞争力，吸收和转化有利于自身生产或服务的资源，形成产品或服务，以获得利润和企业的长期发展。

城市是连接和组织世界经济的节点，其领导作用日益彰显。没有城市的协助，地球上可持续发展和生活质量的延续将无法实现。

城市通过提升自身的综合能力，吸引各种流动生产要素，创造多样化的产品与服务参与到地区间的贸易中，形成持续的发展能力，提高其居民的福利水平，实现城市整体效能的提升。有利于城市发展的流动生产要素在总量上是有限的，在市场经济的背景下，城市需要通过自身竞争力的塑造，以获取更多有利于自身发展的资源。

城市竞争力的构成已经不是简单的企业或行业的范围，而是一个经济体内部多种因素综合作用的结果。一个城市的经济发展能力、社会凝聚力和环境可持续能力都成为城市竞争力的产生来源。

（3）财政分权提高了地方政府发展经济的积极性，促进了城市之间的竞争

财政分权是城市竞争的重要推力。自计划经济体制向市场经济体制转变以来，中央政府不断实施与地方政府分权化的改革，包括地方管理权限、财政、投资、开放等领域的政策与体制变化。地方政府脱离了以往计划式的资源配置，促使其以市场为导向，通过竞争获取稀缺的流动生产要素如资金、人才等，从而推动本地城市的整体发展。

专栏：迈克尔·波特提出的国际竞争优势模型——"钻石模型"

在1990年，哈佛大学商学研究院教授迈克尔·波特出版《国家竞争优势》一书，突出地理位置在竞争优势中的角色。波特在这本书中将企业竞争优势的概念应用到国家层面，探讨一个国家如何能建立起它的竞争优势。针对这个主题，波特提出"钻石模型"（图1-3）。而区域与城市群竞争力的构建，实际上与国家竞争力构建的要素是相一致的。

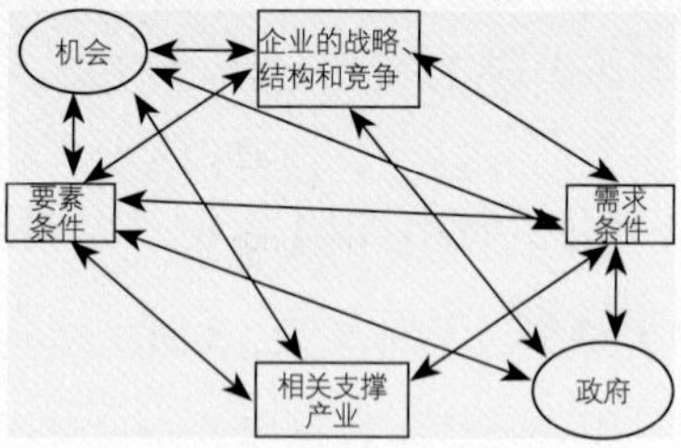

图1-3 迈克尔·波特：国家竞争优势"钻石模型"

图片来源：迈克尔·波特：《国家竞争优势》，李明轩、邱如美译，华夏出版社，2007，第56页

地区竞争优势构建的四个产业内部因素

要素条件（生产要素）：包括人力资源、知识资源、资本资源、天然资源、基础设施等。

需求条件（需求状况）：主要指国家或区域内对这一产业的市场需求。

相关产业和支持产业表现（相关支撑产业）：指本国或区域内与这一产业相关联的上下游产业是否也具有国际竞争力。

企业的策略、结构和竞争对手（企业的战略结构和竞争）：国内市场或区域内在这一产业内存在强有力的竞争对手，是塑造整体产业具有竞争优势的重要因素。

GLOBALIZATION AND GREEN
DEVELOPMENT: FROM
URBAN COMPETITIVENESS
TO REGION AND URBAN
AGGLOMERATION
COMPETITIVENESS

地区竞争优势构建的两个外部因素

机会：机会是可遇而不可求的，机会可以影响四大要素发生变化。形成机会的可能情况大致有几种：基础科技的发明创造；传统技术出现断层；外因导致生产成本突然提高（如石油危机）；金融市场或汇率的重大变化；市场需求的剧增；政府的重大决策等。

政府：从事产业竞争的是企业，而非政府，竞争优势的创造最终必然要反映到企业上。政府能做的只是提供企业所需要的资源，创造产业发展的环境。政府只有扮演好自己的角色，才能成为扩大钻石体系的力量，例如，政府可以创造新的机会和压力。政府应直接投入企业无法行动的领域，如发展基础设施、开放资本渠道、培养信息整合能力等。

1.2.2　城市过度竞争的问题

目前，以经济增长为单一导向的城市过度竞争是制约区域与城市群绿色发展的关键因素。区域内城市间过度追求速度与规模，导致区域协调机制缺失，使得传统增长模式难以为继。一方面，土地空间有限，剩余可开发用地寥寥无几，能源、资源无法满足传统增长模式的增长需要；另一方面，按照传统增长模式，实现更多 GDP 需要更多的劳动力投入，而区域与城市群已经不堪人口重负，环境容量已经严重透支，环境承载力接近上限。

（1）行政区经济：诸侯经济，各自为政造成均质化发展与重复建设

经济增长为单一导向的发展模式带来了行政区经济，导致各城市政府追求自身行政边界内利益最大化。城市追求 GDP 发展的增速，来反映城市领导者的政绩，于是城市之间出现过度竞争，行政区经济开始出现，如道路衔接不畅、产业同质化竞争、大型基础设施难以共建共享。行政区边界成为缩小区域发展差异、实现协调发展的主要障碍，边界效应明显。[1]

以长三角城市群为例，同为太湖流域的长三角在历史发展中形成

1　李郇、徐现祥：《边界效应的测定方法及其在长江三角洲的应用》，《地理研究》2006 年第 5 期。

了特殊的地缘关系和紧密的社会经济联系，是一个相对完整和独立的区域经济单元，但在 21 世纪初"行政区经济"较盛行的时期，长三角的空间经济矛盾十分突出。各级地方政府为追求辖区内的经济利益最大化，扩大本地财政，采取地方保护主义，从而加剧市场分割、地区封锁、产业结构趋同、重复建设。其主要表现为：

中心城市的产业集聚与扩散受阻，生产要素流动具有明显的行政导向性。

外向型经济发展各自为政，难以形成区域整体优势。以开发区建设为例，自浦东开发开放以来，长三角三省市之间，特别是上海与苏南之间对项目、投资、人才、技术等方面的竞争现象相当严重。

基础设施建设缺少统一规划与协调配合，区域环境治理进展较慢。如长三角地区太湖水系虽有较好的治理规划，但难以协调实施。

（2）资源浪费：建设用地蔓延、能源消耗导致资源大量浪费与快速衰竭

1　城市蔓延问题：城市边缘的低密度开发、城市空间破碎化与非连续性开发、城市土地低效率利用，以及城市空间大规模无序向外扩张的城市化现象。

城市间过度竞争成为土地资源大量浪费、城市快速蔓延的推动力。[1]在市场经济和财政分权下，城市领导者不断开展城市营销，更快更多地建立各类工业园区、经济技术开发区等。大量的土地供给成为地方政府吸引投资、快速制造 GDP 的捷径。各个城市建成区急剧扩张，土地扩张速度远超于城市人口增速，土地利用低效，蔓延边缘区发展质量下降。1990—2015 年间，全球城市人口增长了 2 倍，全球城市土地扩张了 3 倍，城市土地消耗的速度远远超过城市人口增长。其中，发展中国家城市人口规模增加 2 倍，而城市扩张规模则平均增长了 3.5 倍。

珠三角城市间也存在着过度竞争的现象，20 世纪 90 年代为追求低成本的土地而出现过大量开发区建设和城市建设用地的无序扩张，造成了土地资源的浪费和环境的破坏（图 1-4、表 1-1）。

GLOBALIZATION AND GREEN
DEVELOPMENT: FROM
URBAN COMPETITIVENESS
TO REGION AND URBAN
AGGLOMERATION
COMPETITIVENESS

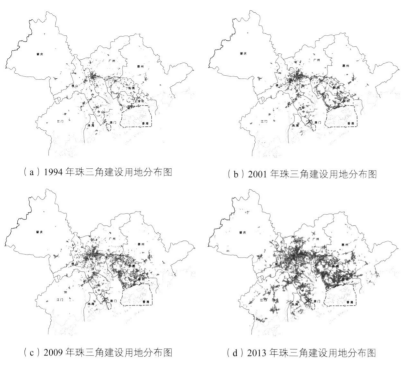

（a）1994 年珠三角建设用地分布图　　（b）2001 年珠三角建设用地分布图

（c）2009 年珠三角建设用地分布图　　（d）2013 年珠三角建设用地分布图

图 1-4　1994—2013 年珠三角建设用地分布变化图

图片来源：作者自绘

2013 年珠三角各城市建设用地比重

表 1-1

城市	广州	深圳	佛山	珠海	中山	江门	惠州	肇庆
城市建设用地占珠三角建设用地的比例（%）	18.24	14.17	15.85	4.55	23.09	11.36	9.24	3.49

资料来源：中山大学区域协调发展与乡村建设研究院，根据 2013 年珠三角建设用地分布矢量数据计算

　　资源衰竭问题也迫在眉睫。随着城市间的过度竞争与无序增长，全球资源消耗的速度超过了全球人口增长。在 1900—2005 年间，全球物质材料资源的消耗增长 8 倍，[1] 建筑材料开采增长了约 7.5 倍，矿物和工业材料开采、化石载能体开采各增长约 6 倍。[2]

　　土地与水资源的现状问题更为严峻。过去城市领导者用经营企业的模式来经营一个城市，希望通过大量的土地供给、资源投入等生产

1　成金华、朱永光、徐德义、王安建、尤喆、申俊：《产业结构变化对矿产资源需求的影响研究》，《资源科学》2018 年第 3 期。

2　联合国环境规划署：《制造业——为提高能源与资源效率进行投资》，《绿色经济》2011 年，第 244 页。

要素来获取丰厚的经济回报。在过去的 30 年里，全球城市资源消耗的速度远远超过了全球人口增长。此外，过度用水、水污染以及引进外来侵略性物种等造成河流湖泊、河流湿地和地下含水层的淡水系统被破坏，导致了淡水供给危机。例如，京津冀地区 2000—2010 年建设用地增加 21%；同期湿地、耕地减少 9%，其中北京湿地、耕地面积分别减少 37%、30%。河北省 78% 和北京市 57% 的水源供给来自地下水；地下水长期超采形成大面积地下漏斗区。

（3）以邻为壑：区域环境破坏与污染问题难以解决，生态基底难以共建

现在的多数城市是在环境资源开发的模式上发展起来的，而城市群由于集聚了大规模的城市人口和经济活动，雾霾、酸雨、水污染等环境破坏与污染问题日益凸显，城市间无序开发和用地蔓延而导致的生态空间受到挤压、生态风险升高、生物多样性减少的现象也令人担忧。尤其是在经济要素和人口资源高度集聚的京津冀、长三角、珠三角等城市群地区，环境污染不再局限于单个城市内，城市之间各类污染变化呈现同步性，污染的区域性特征显著。然而，在实际治理中，我国城市群普遍存在着以邻为壑的问题，即在污染治理上缺乏整体协同，区域污染治理体系与地方治理体系也缺乏协同，仍处于"一方治理一方污染，哪里出了问题治理哪里"的困局。

根据环境保护部《2016 中国环境状况公报》，当年京津冀地区 13 个地级以上城市优良天数比例范围为 35.8%~78.7%，平均超标天数比例高达 43.2%。74 个监测实施城市中，环境空气质量相对较差的 10 个城市，京津冀地区占了 6 个。除了雾霾之外，部分城市群的酸雨污染也不可小觑。环境保护部监测显示，2016 年我国酸雨区面积约为 69 万平方千米，占国土面积的 7.2%。值得注意的是，这些酸雨污染"重灾区"与长三角、珠三角、成渝、长江中游等城市群在空间分布上高度重叠。此外，城市群中的跨界水污染问题也十分严重。京杭运河长三角地区段、太湖、长江中下游段、钱塘江段等水资源都受到不同程度污染。[1]

1 尔东尘：《"中国三大城市群的发展状况及排名指数"显示——长三角城市群发展模式"不够绿色"》，《中国建设信息》2013 年第 21 期。

GLOBALIZATION AND GREEN
DEVELOPMENT: FROM
URBAN COMPETITIVENESS
TO REGION AND URBAN
AGGLOMERATION
COMPETITIVENESS

城市群的环境污染是一种跨区域的公共问题，环境协作治理是地区基于区域共同发展目标而进行的跨行政区的集体行动，需要对各方利益加以协调和平衡。然而，在现有属地管理模式下，不同行政区之间存在各自为政以及利益竞争的问题，加上污染的治理涉及多层级政府与多方面因素，在区域环境治理上城市群内各城市往往只着眼自身，对行政边界以外的污染问题视而不见，具体表现在以下两个方面：

一方面，城市群内各市在污染治理上缺乏整体协同。以长三角城市群为例，当前沿长江 8 市对于流域水资源的管理主要遵循属地化管理原则，即按照"统一管理与分级、分部门管理相结合"进行。这虽然明确了各城市和地区在本辖区内水污染治理的责任义务，但割裂了流域的完整性。目前，各市大多从管辖权出发进行水污染治理政策设计，缺乏整体的沟通和协作。出于各自利益，还会在治理上出现"搭便车"行为，容易导致水资源的过度开发和利用。当一市出现水污染时，相邻城市会互相推诿，使治理难以取得成效。

另一方面，城市群的区域污染治理体系不健全。污染治理是一个系统性问题，需要产业布局、城市基础设施建设、科技创新载体及大众生活方式等多方面的协同，在污染治理上易出现多头管理、内部职能交叉的现象。仍以长三角城市群为例，目前区域对水污染治理的每项任务，虽明确了牵头部门，但由于各部门之间不存在上下级隶属关系，牵头部门往往难以协调平级的部门，无法有效形成治理合力，一些交叉的领域甚至还会相互扯皮，降低环境治理工作成效。

1.2.3　区域与城市群成为参与全球竞争的重要主体

区域与城市群中，城市和郊区的景观形态、经济产业，以及社会活动形成了相互连接的关系，区域与城市群成为一个发展的共同体。

区域与城市群相对国家而言，更有能力为企业提供资源并带来竞争优势，同时为居民带来优质生活的空间尺度。

区域内的大、中、小城市需要通过分工和协作，形成相互紧密的联系。区域城市群需要融经济活动、社会文化、生态环境为一体，参与到国际舞台的竞争中去。

区域与城市群不仅需要关注它们眼前的竞争环境，而且要提高其全球竞争力，这一竞争力不仅指经济方面，还包括社会、生态、文化等多个方面。

1　European Commission, *European Spatial Development Perspective* （Luxembourg: Office for Official Publications of the European Communities,1999）: 221.

专栏：《欧盟空间发展战略》——寻求欧盟地域范围内平衡和可持续的发展 [1]

1999 年发布的《欧盟空间发展战略》（European Spatial Development Perspective, 简称ESDP），以寻求欧盟地域范围内平衡和可持续发展为目标。欧盟成员国负责空间规划的部长们认为，为了欧洲的整体发展，在成员国之间以及在他们的区域和地方机构之间就区域发展进行合作是非常必要的，区域和地方机构在未来必须跨越国界协力合作。

以部长们的观点来看，重要的是保证欧洲政策的三个基本目标在欧盟每个区域中都得到公平实现：①经济和社会整合；②自然资源和文化遗产的保护和管理；③实现欧洲地域范围内更加平衡的竞争态势。

ESDP 为推动欧盟地区的合作提供了一份非常有价值的参考文件。

欧洲地域的政策目标与政策选择包括以下内容。

（1）政策的空间定位。

（2）多中心空间发展与新型城乡关系：欧盟多中心与均衡的空间发展；动态的、富有吸引力和竞争力的城市与城市化区域；本土化、多样化与高效发展的乡村地区；城乡合作伙伴关系。

（3）平等获得基础设施和知识：改善交通条件和获得知识的综合手段；多中心发展模式，提高可达性；基础设施的高效和可持续利用。

（4）自然与文化遗产的明智管理：自然遗产的保护与开发；水资源管理——空间发展的一个特殊挑战；富有创造性的文化景观管理；富有创造性的文化遗产管理。

GLOBALIZATION AND GREEN DEVELOPMENT: FROM URBAN COMPETITIVENESS TO REGION AND URBAN AGGLOMERATION COMPETITIVENESS

1 国家发展改革委、住房城乡建设部:《关于印发长江三角洲城市群发展规划的通知》(发改规划〔2016〕1176号）附件:《长江三角洲城市群发展规划》。

专栏:《长江三角洲城市群发展规划》——建设具有全球影响力的世界级城市群[1]

国务院于2016年批复了《长江三角洲城市群发展规划》。规划以建设具有全球影响力的世界级城市群为目标。《长江三角洲城市群发展规划》提出,当前城市群正处于转型提升、创新发展的关键阶段,以改革创新推动长三角城市群协调发展,是加快形成国际竞争新优势的必由之路,是促进区域协调发展的重要途径,是提高城镇化质量的重要举措。

《长江三角洲城市群发展规划》提出,深入推进长三角城市群建设,必须充分发挥要素集聚和空间集中效应,以上海建设全球城市为引领,以共建全球科技创新集群为支撑,以共守生态安全为前提,以健全包容共享的体制机制为保障,构建网络化、开放型、一体化发展格局,持续在制度创新、科技进步、产业升级、城乡统筹、全方位开放、绿色发展等方面走在全国前列,联手打造具有全球影响力的世界级城市群,加快形成国际竞争新优势。

基本原则包括:统筹规划,合理布局;分工协作,协同发展;改革引领,创新驱动;生态文明,绿色发展;市场主导;政府引导。

长三角城市群发展规划主体内容框架如下:

(1)构建适应资源环境承载能力的空间格局:强化主体功能分区的基底作用;推动人口区域平衡发展;构建"一核五圈四带"的网络化空间格局;打造一体化的城乡体系。

(2)创新驱动经济转型升级:共建内聚外合的开放型创新网络;推进创新链产业链深度融合;营造创新驱动发展良好生态。

(3)健全互联互通的基础设施网络:构筑以轨道交通为主的综合交通网络;构建泛在普惠的信息网络;提高能源保障水平;强化水资源安全保障。

(4)推动生态共建环境共治:共守生态安全格局;推动环境联防联治;全面推动绿色城市建设;加强环境影响评价。

区域与城市群成为参与全球竞争的单元,主要表现在以下几个方面:

生产全球化:在全球化时代,地方参与全球竞争需促使产业往高端化发展,并培育起本地的创新能力。在这一背景下,单个城市难以支撑产业的高端发展,如零部件、技术、人员、企业合作更为复杂的汽车、装备、电子信息制造业,难以在一个城市内获得所需供应链的支持。这就需要区域中的城市联合起来,通过地域分工,形成共同的供应链网络,以支撑区域整体产业的高端化发展。同时,集区域之力，在中心城市形成重要研发平台集中、研发创新人才高度集聚的创新城区，以成为带动区域发展的重要增长极。

产业集聚化：区域中每个城市经过前一轮产业的积累和发展，逐渐形成以某一类或几类行业为主体的企业集聚，具有众多关联企业及相关劳动力储备。基于集聚的自我增强效应，各地的比较优势得到强化，城市之间也逐步形成专业化的分工与联系，支撑起区域经济的整体发展。如在长三角、珠三角地区，形成了多个以纺织服装、家电、家具等为主业的专业镇，并逐步形成汽车、装备、电子信息的产业集群。

发展去边界化：企业发展的选址、资本的流动突破行政边界局限。在欧盟地区、京津冀、长三角、粤港澳大湾区均形成了跨越行政边界的城市合作，通过基础设施建设、城市功能空间布局、合作制度建设，破除制约资源要素自由流动和高效配置的体制机制障碍（图 1-5 ）。

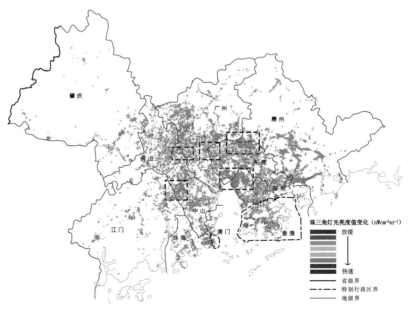

图 1-5　粤港澳大湾区边界地区灯光增长变化图

图片来源：作者自绘

GLOBALIZATION AND GREEN
DEVELOPMENT: FROM
URBAN COMPETITIVENESS
TO REGION AND URBAN
AGGLOMERATION
COMPETITIVENESS

基础设施一体化：以轨道交通等基础设施网络建设为基础，人流、货流、信息流在区域间的流动性增强，城市群内逐步形成"供应链—市场"一体化的态势。一方面，由先进制造业的龙头企业带动，区域内各城市以自身的产业基础为其提供各方面的零部件与服务供给。另一方面，区域与城市群为各类零部件、终端产品的应用，以及专业服务业、复合型服务业的发展提供了庞大的内部市场（图1-6）。

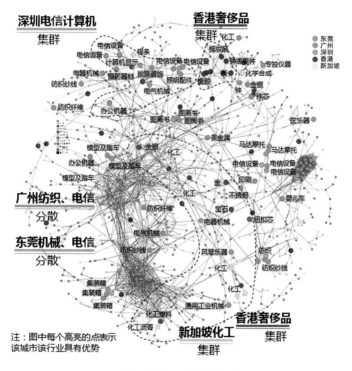

图 1-6 粤港澳大湾区供应链网络

图片来源：作者自绘

生态治理共同化：区域内的城市处于一个生态共同体中。随着产业联系、产业转移在区域范围内变得紧密和活跃，生态绿带的保护、流域的治理成为区域内各城市需要协力合作的内容，以使区域与城市群的生产、生态、生活空间协调发展，并构建可持续的、具有竞争力的发展环境。

1.2.4　城市的发展需要从区域与城市群角度考虑

（1）城市的发展需要与其腹地共同考虑

城市是区域中的主要节点，可达性是经济活动定位的决定因素。如果城市在区域中以及面向区域外的可达性越高，能够汇集的资源越多，服务范围越广，则更能够在全球生产体系中占得先机。由此，无论是大城市，还是中小城市，通过路网建设、枢纽建设，接入区域交通网络，是融合区域整体发展、提升自身竞争力的重要举措。

> **案例：武汉腹地发展与其经济地位的变化——九省通衢的兴盛，内陆城市的衰退，高铁时代的复兴**
>
> "茫茫九派流中国，沉沉一线通南北"——毛泽东，《菩萨蛮·黄鹤楼》
>
> 武汉自古以来就有"九省通衢"之称，境内湖泊星布，江河纵横，其中以长江为干线，接纳了大水量的支流汉水，形成了庞大的水网。在世界范围内，这样的条件也是极为罕见的。武汉的地理条件，使得它内连九省，承东接西，承南迎北，是历来商家必争之地。
>
> 自改革开放以来，沿海地区凭借政策及区位优势，形成了吸引外来资本更为有利的条件，处于内陆的武汉经济地位逐步被超越。
>
> 自 2009 年武广高铁开通，我国高铁网络的逐步完善，武汉连通全国各省市的能力又得到了显著的提升。通过高铁，武汉至广州仅需 3 小时，到上海仅需 4 小时，到北京仅需 4.5 小时。武汉与我国各大主要城市及经济区之间的交流越来越频繁，武汉的投资吸引能力、产业发展能力、居民生活水平均得到了提高。

（2）城市的定位需要考虑其他城市的定位

区域与城市群竞争力的形成，需要基于各自的发展基础、区位优势等条件，通过差异化发展，形成互补关系，共同构成现代产业体系，构筑起共同发展的力量。

由此，城市群内各大、中、小城市的发展需要放在区域的角度上进行考虑，协调自身与区域内其他城市的定位。大城市需发挥好区域门户的作用，发展复合型服务业、高端先进制造业，以起到统筹区域资源、服务区域企业与居民的作用。中小城市需立足自身在资源、产业、文化

GLOBALIZATION AND GREEN
DEVELOPMENT: FROM
URBAN COMPETITIVENESS
TO REGION AND URBAN
AGGLOMERATION
COMPETITIVENESS

等方面的比较优势，通过专业化、差异化的产业发展与服务，共同融进区域的整体发展中来，并带动广阔城乡地区的共同发展。

通过区域协同，形成具有比较优势的产业集群，让城市群的各个组成部分之间相互联系，使每个城市都形成独特的、不可复制的城市风格。

案例：昆山在与上海、苏州的协同中，形成自身的高质量发展

昆山为江苏省直管县级市，地处上海与苏州之间，2017 年昆山市实现地区生产总值 3500 亿元。2018 年入选全国投资潜力百强县，全国绿色发展百强县，全国科技创新百强县，全国新型城镇化质量百强县，中国最佳县级城市第 1 名。

昆山的城市定位：建设在长三角城市群中具有特色和影响力的创新创业生态宜居城市，包括建设全球有影响力、国内有地位的先进制造业名城；两岸产业融合发展、与国际规则深度接轨的开放创新改革先行先试区；长三角重要的科技研发和成果转化基地；具有江南水乡特质的国际文化旅游休闲度假胜地。

上海的城市定位：与我国经济实力和国际地位相适应，具有全球资源配置能力的国际经济、金融、贸易、航运中心，同时建设具有全球影响力的科技创新中心，做强汽车、船舶等传统优势产业集群。

苏州的城市定位：建设具有国际竞争力的先进制造业基地、具有全球影响力的产业科技创新高地、具有独特魅力的国际文化旅游胜地和具有较强综合实力的国际化大城市。

昆山与上海、苏州的衔接与配合：

昆山通过借助上海具有全球资源统筹能力的专业服务以及上海与苏州的源头科技创新能力，以自身产业根基为基础，着力建设成果转化基地。以自身的产业集群，嵌入包括苏州、上海先进制造业供应链，打造专业化的产业集群。此外，借助基础设施，发展商贸物流，服务江苏省。以花桥为空间载体，主动融入上海都市圈建设，主动承接上海辐射溢出效应。发展自身地域特色，建设形成供苏州、上海以及全国、世界游客体验游览的文化小镇。

昆山在制造业、服务业、生态游憩、文旅发展等方面，全面与上海、苏州对接，实现上海与苏州在功能上充分衔接融合，同时昆山自身也能够在城市的相互配合和分工中得到显著的提升与发展。这是在城市自身发展的同时，考虑其他城市的定位所带来共同发展的典型例子。

1.3　绿色发展和区域与城市群竞争力

本节介绍绿色发展前提下区域与城市群竞争力的基本概念，重点突出什么是绿色发展，以及什么是基于绿色发展的区域与城市群竞争力，通过案例说明绿色发展的区域与城市群更具有竞争力，为本分册所讨论的对象提供一个明确的界定。

1.3.1　什么是绿色发展

（1）绿色发展的理念

党的十八届五中全会提出"创新、协调、绿色、开放、共享"五大发展理念（图1-7），是"十三五"乃至更长时期我国发展思路、发展方向、发展着力点的集中体现，是关系我国发展全局的一场深刻变革。绿色发展作为关系我国发展全局的一个重要理念，是国家与城市永续发展的必要条件和人民对美好生活追求的重要体现。

图 1-7　五大发展理念图
图片来源：作者自绘

（2）从三个维度理解绿色发展

①绿色发展与"五位一体"

五大发展理念是一个相互联系的"整体"。一方面，绿色发展是创新发展的重要目标，是协调发展的重要条件，是开放发展的重要领域，

GLOBALIZATION AND GREEN
DEVELOPMENT: FROM
URBAN COMPETITIVENESS
TO REGION AND URBAN
AGGLOMERATION
COMPETITIVENESS

是共享发展的重要内容，把绿色发展贯彻到其他发展理念和实践的各个环节中，将绿色发展观融入经济、政治、文化、社会、生态建设各方面和全过程，其他发展理念才能落地生根，最终实现"五位一体"的总体布局。

另一方面，落实绿色发展新理念，必须具备创新、协调、开放和共享的意识，必须以创新为动力，不断推进绿色技术；必须以协调为基本原则，不断推进人与自然之间、发展速度与环境承载之间、开发与保护之间等方面的协调发展；必须以开放为基本手段，不断提高绿色产业、环境治理等方面的开放度；必须以共享为根本目的，维护、发展广大人民群众的经济、生态、社会利益。

②绿色发展与"政府—市场—社会"

政府、市场和社会，在绿色发展中处于不同的地位，承担不同的责任，它们构成了一个城市发展的完整责任共同体。坚持绿色发展，不是任何一方的单独义务，而是全社会共同的责任。因此，绿色发展要求明确政府、市场、社会各自的责任分工，建立共同参与和协调工作的社会治理机制。

③绿色发展与"区域与城市群"

城市发展不是一个独立过程，而是立足社区，从城市到市域、再到城市群的区域与城市群共同发展的命题。城市只有在区域内与其他城市合作，在区域与城市群层面统筹生产、生活、生态的全面均衡布局，才能实现自我与区域的共同发展。因此，绿色发展是一个区域"命运共同体"，是一个整体性问题。

要树立绿色发展观，既要立足本土，又要着眼区域，要把区域与城市群的可持续发展作为一个整体来考虑，既要提升本地区人民的幸福生活指数，也要致力于维护区域生态安全。只顾地方利益，无视区域利益，是治标不治本之策，不能算是真正意义上的绿色发展。

区域与城市群的整体观意味着，绿色发展需要从社区个人做起，逐渐形成对区域整体绿色资本的积累，并从社区自下而上的层层绿色行动保证绿色发展观的落实；更需要从区域引入经济、社会、生态投资，同时从区域自上而下的政策来予以支持，促进绿色发展（图1-8）。

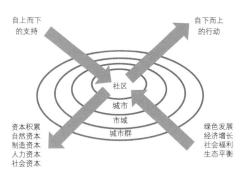

图1-8　绿色发展的"区域与城市群"整体观

图片来源：作者自绘

（3）通过发展方式与生活方式的转变，推动城市可持续繁荣

形成绿色生产方式，需要转变依赖增加物质资源消耗、规模粗放扩张、高能耗高排放的粗放发展方式，塑造依靠创新驱动、发挥比较优势的绿色增长（图1-9）。绿色生产方式倡导构建以产业生态化和生态产业化为主体的绿色经济体系，走绿色低碳循环发展之路，以提供更多优质绿色产品，形成高效率的绿色产业集群。

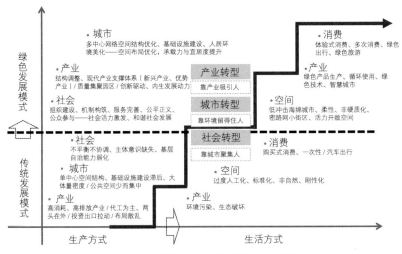

图1-9　传统模式向绿色模式的转变关系图

图片来源：作者自绘

GLOBALIZATION AND GREEN
DEVELOPMENT: FROM
URBAN COMPETITIVENESS
TO REGION AND URBAN
AGGLOMERATION
COMPETITIVENESS

形成以绿色消费为核心的生活方式，要求城市居民逐渐从一次性过度消费转向循环式适度消费，树立节约集约循环利用的资源观，以及节约适度、绿色低碳、文明健康的现代生活方式，倡导绿色的出行、绿色产品使用等绿色消费理念。

实现绿色发展需要从构建节约资源和保护环境的空间格局、产业结构、生产方式、生活方式等方面做起，[1] 形成城市持续发展的动力，推动城市可持续繁荣。

（4）绿色发展是城市发展的新模式

过去的百年间，全球化下的城市都在为发展而努力，几乎所有的城市都想要进入世界领头城市的行列，并采取各种手段以期达到这一目标。全球各个城市的政策制定者将提高城市竞争力作为政府的重要任务，因而总是将吸引全球资本作为竞争的出发点，采取基于外部资源的"城市营销"模式，即将城市的未来建立在城市对外来资本的竞争力上。这种模式很可能是"零和博弈"，原因在于资本是有限的，某个城市如若能获得，其他城市就没有机会得到。

因此，为了获取外来资本，城市进入过度竞争的状态，出现了不断压低工资、低价出让土地、降低劳动保障和社会福利等行为。但最终结果却与城市想实现可持续繁荣的目标相差甚远，得到的只有少量短期的物质效益和大量长期的成本。

相比传统城市竞争模式，我们认为绿色发展是一种基于区域与城市群观的、具有内生动力的、人与自然和谐共生的、可持续的城市发展模式。

绿色发展是在当前新发展理念下对城市发展方式的全方位转型，是对城市经济发展和环境保护关系的重新界定，是对以牺牲生态环境换取短期经济增长做法的摒弃，是当下中国城市发展理念和实践从粗

1 习近平：《决胜全面建成小康社会夺取新时代中国特色社会主义伟大胜利——在中国共产党第十九次全国代表大会上的报告》，http://www.qstheory.cn/dukan/qs/2017-11/01/c_1121886256.htm。

23

放增长模式转变的深刻变革。它充分考虑人作为发展的主体，以人与自然和谐共生为价值取向，以绿色低碳循环为主要原则，以促进经济发展为主要议题，以生态文明建设为基本抓手，致力于维持经济增长、环境保护之间的平衡，促进社会公平公正的目标，最终实现经济、政治、社会、文化、生态文明建设"五位一体"的全面均衡发展。

从全球化角度来看，绿色发展新模式意味着，城市发展不是依靠外来的资本，而是基于区域与城市群发展观念，综合运用自身资源与能力。这并非是指城市要脱离外部环境的技术和创新来发展，反而是要正视区域环境的重要性。区域不是简单的地理边界，而应该是与城市组合成一个复合体，用地方的内部资本吸引外部资源，共同引导全球性的参与，谋求共同的前景目标。

1.3.2　基于绿色发展的区域与城市群竞争力

（1）概念

基于绿色发展的区域与城市群竞争力的关键仍在于竞争力，它是绿色发展的、具有区域观的一种新型竞争力。与传统竞争力着眼城市个体发展所不同的是，基于绿色发展的区域与城市群竞争力核心是要在区域层面解决城市、自然、人之间的三大关系，即处理好城市与自然的关系、城市与城市的关系、城市与人的关系。走向区域与城市群绿色、均衡和持续的发展，是要形成区域的独特竞争优势，即经济与社会整合，保护自然资源、文化遗产和区域最均衡的竞争性。

①处理好城市与自然的关系：人与自然和谐共生、可持续发展
基于绿色发展的区域与城市群竞争力首先是一种可持续发展的竞争力，[1] 这意味着这种竞争力不仅是现在所有，并且还能在未来所持续，具有源源不断的、多样化增长的内生动力来推动城市持续繁荣。

1　可持续发展的概念是既满足当代人的需求，又不对后代人满足自身需求的能力构成危害的发展，包含对生活质量的关注、对现在人的平等的关注、对两代或数代人之间的不平等的关注、对人类福祉的社会和道德方面的关注。

资料来源：阿方索·维加拉、胡安·路易斯·德拉斯里瓦斯：《未来之城——卓越城市规划与城市设计》，赵振江、段继程、裴达言译，中国建筑工业出版社，2017，第45页。

24

GLOBALIZATION AND GREEN
DEVELOPMENT: FROM
URBAN COMPETITIVENESS
TO REGION AND URBAN
AGGLOMERATION
COMPETITIVENESS

一个具有竞争力的区域与城市群必须具备独特的眼光，要在各种新的现实下追求现在及未来适度、包容和协调之间的平衡。

我们可以判断，这种发展是只能在自然体系所能承受的范围内的可持续发展。城市与自然是和谐共生的，自然能持续为城市提供优质的资源与环境，城市需提供支持，助力自然的循环再生。[1]

区域与城市群的关键是要植根于自然环境，区域的存在是以它本身的自然特性来划分的，区域关注自然赋予城市发展的先决条件（或称禀赋），具有自然的特性。在区域层面处理好城市与自然的关系是对自然资源的利用和人类的活动及其社会行为模式之间关系的处理，[2]这是一种相互依存的关系，意味着我们在建设城市的时候，不能对城市所处的具体环境一无所知，需要熟知有关的自然准则，了解所有的约束条件，组织复苏被摧残的生态区和农业区。区域与城市群、大自然之间以最平衡的相处方式产生一种积极的相互影响，从而达到一种更有效更有竞争力的地区发展。

②处理好城市与城市的关系：从"单打冠军"到"团体冠军"

绿色发展的区域与城市群竞争力是区域整体的竞争力，各城市在区域内均衡布局、合理分工与协作、差异化职能定位，搭建完整的区域与城市群体系，形成整体竞争力，实现从"单打冠军"到"团体冠军"的转变。同时，城市间的联系可以促进城市在政治、经济、社会、文化和理念上的交流，每一个城市都是不可复制且具有地方特性，各城市也能从交流与联系中发挥比较优势，实现自身竞争力的提升。

这种区域整体的竞争力意味着在区域内以及中心城市和其他不同城市之间形成了互补关系，从而构建完整的城市体系，其中关键是保持了每个城市、乡镇和村庄的地方特性并发挥互相关联的优势，在构成多中心城市体系的基础上，创立互补的城市特点。任何城市群中的城市都不可能孤立地在全球城市的国际新舞台上发挥杰出的作用，任何中心城市都不能单独提供高质量的专业服务设施，而区域多中心的

1 城市在可持续发展中起着决定性的作用。目前，地球上的一半以上的人口居住在区域与城市群，城市里集中着绝大多数居民、活动、生产与消费。因此，城市生态足迹及其影响远远超越了较远的内地（支撑它的区域）。因此，首先是要处理好城市与自然的关系，两者和谐共生是竞争力的首要重点。生态足迹是对个体、城市、国家或全世界的人用以生产其消耗的全部资源，并以主流技术吸收其产生的废物所需的肥沃的土地和水的数量为衡量标准。今天，人类的生态足迹是 2.2 公顷 / 人，如今地球需要用多于 14 个月的时间再生出我们——这些地球居住者在一年里所使用的能源。

资料来源：联合国人居署：《和谐城市，世界城市状况报告》，中国建筑工业出版社，2008，第 42 页。

2 麦克哈格《设计结合自然》土地适用性分析法（LSA）：景观在一定程度上等同于自然，即有人的自然景观。

城市群却能提供完善的基础设施、设备配置和多样化的选择。

③处理好城市与人的关系：企业、人与城市共同发展

在理解绿色发展的区域与城市群竞争力时，我们除了关注区域与城市群，也应强调以人为中心的基本价值观。绿色发展的区域与城市群竞争力根本点是落在区域内的企业与人的竞争力之上，这意味着我们要在区域内处理好人与城市的关系。城市与人之间的关系是一种相互作用关系，区域与城市群具备了合理的空间布局和良好的环境，不论是对社会还是对个人来说，将是一个创造附加值、吸引特定活动的空间。反过来，企业与人的发展将进一步放大区域与城市群的竞争优势，从而形成城市与人的共同进步。

一个区域与城市群之所以被视为有竞争力，可能更多是因为它们区域内有企业和人存在的缘故。"20城市计划"[1]的研究表明，区域与城市群确实能够为人的"某些"活动提供"真正的"竞争优势。历史上，所谓的比较优势，即有关地理、自然、气候等方面的对比条件，是非常重要的。而在新的经济中越来越占上风的，则是人造的"竞争优势"，尤其是在区域与城市群中。城市群可以通过灵活高效的公共管理，为企业配套的教育设施、机场、物流、金融服务，有效调度、价格合理的可用土地以及高质量的公共场所等手段来营造一个合理的空间布局，提供一个更能发挥个人能力、更具生活品质的人的生活环境，促使生产、生活空间与区域整体空间相匹配，从而促进竞争力的提高。如果一个地区存在"经济集群"，即生产活动能在空间上高效有序的布局，或是具备能为特定企业的形成和发展、人才的集聚提供的服务配套空间的时候，这种促进就更为明显。

因此，通过对企业与人的活动进行合理有序的空间布局，经济与产业、人的活动都能够与城市空间相匹配，充分发挥出地区的比较优势，形成宜居宜业的生活生产环境。这种新的竞争优势让企业能在区域中获得空间支持，从而提高其竞争力和吸引力，

1　"20城市计划"，原文是：Proyecto CITIES，致力于将5大洲的20个城市作为重点城市规划研究对象，其中包括波士顿、费城、迈阿密、多伦多、迪拜、利雅得、巴斯克、新加坡、蒙特利尔、麦德林、卡萨布兰卡、香港、上海、智利圣地亚哥、蒙得维的亚、库里蒂巴、悉尼、梅多克、都柏林、圣多明戈等城市。

资料来源：阿方索·维加拉、胡安·路易斯·德拉斯里瓦斯：《未来之城——卓越城市规划与城市设计》，赵振江、段继程、裴达言译，中国建筑工业出版社，2017，第89页。

GLOBALIZATION AND GREEN
DEVELOPMENT: FROM
URBAN COMPETITIVENESS
TO REGION AND URBAN
AGGLOMERATION
COMPETITIVENESS

居民生活质量也能达到较高水平，并能实现能力与价值的最大程度发挥，从而进一步集聚更多人才，创造区域与城市群更大的竞争优势。

因此，我们给出一个基于绿色发展的区域与城市群竞争力的概念：

它是一种基于新的绿色发展理念，在遵循自然规律、有利于保护生态环境并走向可持续观念的基础上，通过培育和构建内部资本、增强对外部资源的吸引能力，形成协调的区域与城市群生产、生活、生态空间布局，显著提升区域与城市群整体的经济、政治、社会、文化和生态竞争优势，系统地实现区域内大、中、小城市与小城镇最优化的协调发展，更好地满足居民需求，可持续地吸引人与企业，并能源源不断、持续创造财富、保持繁荣的一种能力（表 1-2）。

获取可持续竞争力的渠道分析表　　表 1-2

内部资本的培育与构建	外部资源吸引能力的增强
自然资本（资源环境等）	投资氛围
制造资本（基础设施等）	技术框架
人力资本（教育创新等）	移民人才
社会资本（活力包容等）	商业政策与前瞻市场

资料来源：左栏参考 Paul Ekins, *Evaluating the Contribution of the European Structural Funds to Sustainable Development: Methodology, Indicators And Results* (2003)；右栏参考 John Friedmann：《规划全球城市：内生式发展模式》（2004）绘制

我们要将基于绿色发展的区域与城市群竞争力与传统城市竞争力区分开来，两者无论是在尺度、领域、驱动力、发展模式等方面都具有显著的不同，这能帮助城市领导者更快了解从哪些方面来推动这种竞争力的转变（表 1-3）。

绿色发展的区域与城市群竞争力与传统城市竞争力的区别分析表　表 1-3

区别	传统城市竞争力	基于绿色发展的区域与城市群竞争力
考量尺度	城市	区域与城市群
关注领域	城市的经济增长能力，是对单一领域的经济竞争力	"经济、政治、社会、文化、生态"五位一体全面发展的综合竞争力
可持续性	为了短期经济增长目标而牺牲资源环境的城市短期竞争力	区域与城市群中长期的可持续竞争力
发展驱动力	资源、劳动力等要素驱动	技术创新驱动（形成内生发展动力）
发展模式	粗放增长	绿色集约
区域关系	竞争的（零和）	合作的、协调的（网络组织）

资料来源：参考 John Friedmann：《规划全球城市：内生式发展模式》（2004）整理

（2）内涵

从整体性视角看，在这一新理念和新模式下所具备的竞争力也具备绿色发展的区域观、全面性与可持续性。

①协调发展是核心：大、中、小城市和小城镇协调发展

绿色发展的区域与城市群竞争力强调区域具备整体的竞争优势，而非大城市一家独大，小城市发展落后。这意味着要以绿色发展为引领，以城市群为主体构建大、中、小城市和小城镇协调发展、特色鲜明、优势互补的城镇格局，形成完整均衡的城市群。

城市群作为一定地域范围内一系列规模不等、职能各异、相互联系、相互制约的城镇有机整体，能合理组织城市群内各城市之间、城市与其外部环境之间的各种经济、社会、生态等方面的相互联系，实现整体效益大于局部（单个城镇）效益之和，促使城市群有序转化，达到社会、经济、环境效益最佳的发展总目标，这正是区域与城市群所追求的核心竞争优势。

GLOBALIZATION AND GREEN
DEVELOPMENT: FROM
URBAN COMPETITIVENESS
TO REGION AND URBAN
AGGLOMERATION
COMPETITIVENESS

1 宋家泰、顾朝林：《城镇
体系规划的理论与方法初
探》，《地理学报》1988 年
第 2 期。

区域与城市群竞争力要形成一个接近"理想状态"的系统，必须形成完整的"三结构一网络"：作为节点的城市结构，即地域空间结构、等级规模结构和职能组合结构；反映节点间相互关系的网络，即城市联系与网络系统组织。[1]

地域空间结构是区域范围内城市之间的空间组合方式，表现为由单一中心到主次中心、多中心组群结构的变化趋势。

等级规模结构则是根据城市之间影响范围的大小不同而形成，包括特大城市、大中城市、小城市和小城镇等多个等级。特大、大中城市是区域的中心，小城镇则是城市体系的末端，是农村地区的经济、文化、服务中心，是农村和农业的服务基地，虽然规模不大，但功能很强。县城既是区域城市体系的节点，又是中心城市的支撑点。

职能组合结构则是城市间类型的有机组合与职能协调，与城市间城市化进程、区域劳动分工等密切相关。

构建城市之间通畅的经济联系和开放系统，组成经济上相互联系、职能上互有分工、规模上具有等级系列是完整均衡城市群网络的基本特征。

②生态文明建设是根本：绿水青山就是金山银山

可持续的区域与城市群竞争力围绕绿色发展的理念，坚持人与自然和谐共生原则，以生态文明建设为根本。生态文明建设是一个区域性的共同工作，当前每个城市的生态足迹及其影响远远超越了支撑它的区域，生态足迹是区域的资源消耗强度以及这一区域的资源供给能力，生态足迹越大，证明城市所在的区域对生态的消耗越严重。

因此，推进生态文明建设要从区域观层面树立绿水青山就是金山银山的观念，要从区域统筹上共同转变发展方式，提高区域与城市群发展质量和效益，这不仅是坚持以人为本、促进社会和谐的必然选择，更是显著提升区域与城市群竞争力的根本手段。

生态文明建设意味着区域与城市群发展要尊重自然、顺应自然、保护自然，不仅要保护自然生态，更要加强人文生态、人类社会和谐等方面的建设，从而形成节约资源和保护环境的空间格局、产业结构、生产方式、生活方式。推进生态文明建设必须坚持六项重要原则：坚持人与自然和谐共生；绿水青山就是金山银山；良好生态环境是最普惠的民生福祉；山水林田湖草是生命共同体；用最严格制度最严密法治保护生态环境；共谋全球生态文明建设。[1]

1　习近平：《推动我国生态文明建设迈上新台阶》，http://www.qstheory.cn/dukan/qs/2019-01/31/c_1124054331.htm，访问日期：2019年3月1日。

李孝纯：《习近平生态文明思想的深刻内涵与理论渊源》，《江淮论坛》2019年第1期。

构建"生产、生活、生态协调"的城市空间格局与"山水林田湖草"整体保护的生态安全格局，提升城市的功能和环境的品质，统筹经济、政治、文化、社会和生态文明各项建设，促进现代化建设各方面相协调。

③内生动力是关键：发挥比较优势

2　内生增长模式更具有竞争力：通过专业化分工提高效率，获得持久创新能力；生产产品独特，具有不可替代性；企业关系嵌入社会网络中，具有根植性；减少对外界依赖，具有自我调节能力。

绿色发展竞争力是城市的一种可持续竞争力，是在全球化前提下以自身的资源和能力培育内部高质量资本，在全球竞争中发挥自身比较优势，从而创造可持续的竞争优势，形成城市源源不断的内生动力，从而保持区域与城市群的持续繁荣（图1-10）。[2]

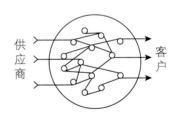

图1-10　马歇尔式产业区集群

图片来源：王缉慈：《创新的空间：企业集群与区域发展》，北京大学出版社，2001

换而言之，它是城市当前能创造价值并在未来仍能持续创造价值的能力，即通过绿色发展方式与生活方式的转变，促进经济增长与资源环境保护以及社会、文化建设之间的协调发展，从而营造城市新的竞争优势。而这种能力关键在于在全球化背景下，紧抓自身的比较优

GLOBALIZATION AND GREEN
DEVELOPMENT: FROM
URBAN COMPETITIVENESS
TO REGION AND URBAN
AGGLOMERATION
COMPETITIVENESS

势与技术创新，通过比较优势不断吸引创新资源和要素，带动和辐射周边城市和地区，以比较优势争夺竞争市场，形成城市发展持续的内生动力。

④互联互通是基础：发挥市场配置与政府作用

绿色发展观的区域与城市群竞争力不再仅从地方城市层面来看待城市发展问题，而是立足区域与城市群尺度将城市发展置于区域中考虑。区域与城市群使生产要素得以在区域间互联互通，人、物、资本、信息、基础设施可以在区域内自由流动而无障碍，从而形成城市之间紧密联系的组织网络。

要构建一个互联互通的城市群网络，意味着城市之间要充分发挥市场配置与政府作用，通力合作、协同共建共享区域空间。这是因为具有内生动力的发展模式引导着城市地方政府协同其他城市共同积极提升区域内创造财富的整体质量，通过政府与市场力量的合理配置，合作共建互联互通的空间网络，从而达到一个城市无须使其他城市的区域利益受损，反而使其他城市获得更多发展机会的目的，从而提高区域与城市群的核心竞争力。

⑤共建共治共享是重点：生产、生活、生态共建共治共享

一个具有绿色发展观的区域与城市群竞争力是全面均衡的城市群竞争力，这样的城市群不是大城市的"独角戏"，而是在大城市的带动下，通过生产、生活、生态的全方位共建共享，形成城与城、城与乡的共同发展。提高城市群竞争力重点在于对城市群资源要素与发展效益的共建共享，通过生产、生活、生态要素的共建共享，从而提升城市群的竞争力。

共建共治共享的城市群能在区域层面建立以创新为引领、以设施网络为支撑、以发挥比较优势建立差异化的产业分工体系的生产体系。区域内各城市通过航道、高铁、轻轨等交通网络建设，促进区域资源要素的快速流动，构建起区域内畅达的体系。以设施网络

为支撑，各城市能建立合理的产业结构、紧密联系的产业链、多样化的产业分工。

共建共治共享的城市群需要建立以共享区域公共服务设施、公共空间为主的共享生活体系。区域内各城市的居民能共享自身城市缺乏的大型服务设施，享有广场、绿地等公共空间，形成均等化的基本公共服务，提升城乡居民的生活福祉。

共建共治共享的城市群同时还体现在建立以山水林田湖草等生态基底构成的共享生态体系，促进城市群绿水、青山、蓝天、绿廊的共建共享，共创区域绿色宜居家园。

（3）致力于绿色发展观的区域与城市群的好处

我们提倡区域与城市群要绿色发展，正是因为绿色发展能有助于区域与城市群提高竞争力，能帮助城市群在全球竞争中取得更大优势，并实现区域与城市群的可持续发展。

一方面，绿色发展能帮助区域与城市群取得更高的生产效率、运行效率和资源利用效率。绿色发展更具有区域观，能从区域尺度来解决城市之间的问题，促进产城融合，形成多中心的区域空间结构，减少不必要的通勤，城市运行效率更为高效。通过绿色发展，区域将形成互联互通的双快交通网络，形成一体化的基础设施与更为紧密的城市间联系，产业上下游衔接将更为便捷，城市间产业分工协作、功能互补，能有效提高区域生产效率与运行效率。同时绿色投资活动更会为区域带来新的绿色产业发展，创造绿色就业机会，形成区域均衡布局的绿色产业集群，实现新的绿色生产方式，从而提高资源利用效率，尤其是土地产出效率，降低污染排放。

另一方面，绿色发展能助力区域与城市群获得更为高品质、宜居的城市空间和人居环境。绿色发展意味着城市群采用更为低碳绿

GLOBALIZATION AND GREEN
DEVELOPMENT: FROM
URBAN COMPETITIVENESS
TO REGION AND URBAN
AGGLOMERATION
COMPETITIVENESS

色的生产和生活方式，从私人交通转向公共轨道及非机动交通，减少交通拥堵所带来的环境和社会成本，减少对时间资源和土地资源的浪费。同时，以创新为驱动力的绿色发展，使城市群内部空间趋向功能混合与垂直多样化，能高效激发创新交流。此外，绿色发展带来城市群内城市之间的通力合作，协同联防共治跨流域污染以及共同建设绿色生态网络，从而形成高品质的环境，建设更为宜居的人居环境，吸引商业投资与移民人才。绿色发展更能有效提高区域与城市群的生态宜居性与舒适度，其环境效益能带来城市整体价值的提升，推动城市以新的生态优势在区域竞争中获得竞争优势，持续创造价值。

　　无论是经济发达的大城市，还是经济落后的小城市，抑或是经济衰退的资源型城市，都能通过绿色发展获得发展动力和新的优势，从而实现核心竞争力的提升。纵观全球的先进经验，众多案例都为我们提供了发展方式转变的样本。这也是我们提倡区域与城市群要绿色发展的根本原因。我们可以从德国鲁尔区／莱比锡地区资源转型的案例，了解这些原本衰退的资源型地区是如何通过绿色发展，重新实现了产业发展、文化提升与社会环境的改善，在区域与城市群竞争中重获了核心竞争力。

案例：德国鲁尔区／莱比锡——资源转型地区通过绿色发展实现经济转型、重获新生 [1]

　　从19世纪中叶开始，鲁尔区依靠丰富的煤炭资源，以及区位优势，采矿、钢铁、化学等重工业崛起，迅速成为全球最大的传统工业区。面对能源耗竭、城市衰退等一系列问题，鲁尔区加快城市经济、文化、社会、环境等全面转型，通过绿色发展，促进城市产业振兴，制定以文化产业替代和接续传统产业的战略，加强统筹规划和资金扶持，改善生态环境，重视社会建设和民生改善，有效实现了城市转型与绿色发展。

　　（1）更高效的城市空间：构建由600km高速公路、730km联邦公路、3300km乡村公路、近10000km的铁路线、6条水运内航道、14个内河港口、

1　张洁、郭城：《德国针对收缩城市的研究及策略：以莱比锡为例》，《现代城市研究》2016年第2期。

4 个机场组成的稠密高效的交通运输系统，形成多中心结构，促进区域一体化发展。

（2）以创新为驱动力的绿色产业发展方式：区域功能分布明确。挖掘原有产业潜能，提升钢铁、能源和煤炭技术，打造德国能源中心；建立各种各样的技术中心，促进信息和通信技术、生物 / 医药技术等新兴产业培育。

（3）体现本地性的城市与区域文化：结合工业化改造，将历史文化遗产塑造成博物馆、公园和开敞空间。

鲁尔区的绿色转型成效显著。以高新技术产业为龙头、多种行业协调发展的综合新经济区，产业结构绿色转型，三产比重从 29.8% 增至 56%。产业复兴也促进了就业，目前鲁尔区有就业人口 22 万人，并拥有技术中心 30 个，600 个致力于发展新技术的公司。

德国诸多城市如莱比锡都曾经历过快速的城市增长，但随着工业衰退和人口外迁，城市人口大量流失，经济收缩成为核心难题。自 2000 年以来，莱比锡为恢复城市竞争地位，提出城市 2030 愿景目标，以公正、平等和包容性原则推动城市多方面复兴，尤其注重城市一体化发展。2000 年起，莱比锡人口就逐渐温和增加，吸引了来自萨克森州等周边区域的迁移人口，尤其是 18~30 岁的年轻人，为城市发展带来了新的活力（图 1-11、图 1-12）。

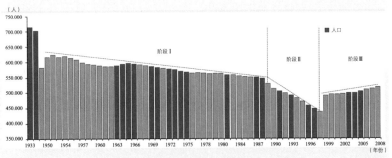

图 1-11　1933—2008 年莱比锡城市人口发展

GLOBALIZATION AND GREEN
DEVELOPMENT: FROM
URBAN COMPETITIVENESS
TO REGION AND URBAN
AGGLOMERATION
COMPETITIVENESS

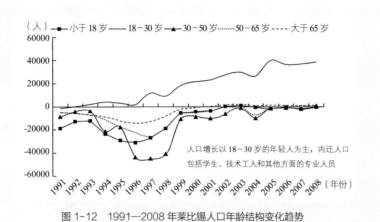

图 1-12　1991—2008 年莱比锡人口年龄结构变化趋势

02

区域与城市群特征

- 协调发展的空间布局，能够使人口在区域范围内分布更均衡，功能布局在城市群内更合理。

- 富有价值的生态空间，是区域与城市群生产与生活可持续发展的重要保障。

- 完善的基础设施网络与高效的流空间共同构成的支撑体系，是区域与城市群的神经脉络，时刻展示着城市群发展的脉搏。

- 内生增长的资本体系包括软资本、硬资本和创新要素，在城市群中统筹多要素发展，将形成区域发展的"柔性实力"。

- 多维度的组织协调机制，是保障区域内各城市携手共进的重要平台。

2.1 协调发展的空间布局

工业和人口在大城市中心过度集中会给经济和社会带来风险。如果不对空间发展进行统筹，人口将向就业与发展机会更多的大城市过度集聚，而规模较小的城市产业发展的难度则会非常大。这将造成一系列的大城市病和区域发展的不平衡。多中心的城市群空间布局，能够提高城市群的整体效率，满足要素高效流动的要求，满足出行能源效率提高的要求，最终有效实现生产、生活、生态、空间的统筹。

2.1.1 人口密度在区域内均衡分布

通过轨道交通体系的建设与多中心的土地利用布局，可达到疏解中心过密人口的成效。东京通过轨道体系配合区域范围内的混合用地布局，使人口分布在区域内较为均衡。[1]

上海核心圈层人口密度接近东京的 2 倍，而外围圈层人口密度仅为东京的 3/5。这就导致上海中心区的空间承载力超过负荷，引发一系列问题，如中心城区交通拥挤、办公空间和住房成本过高、空间舒适度降低等。东京更为均衡的人口分布和空间发展布局，对提高城市的承载能力，疏解交通压力与房价压力起到重要的作用（图 2-1）。

1　刘易斯·芒福德在《城市观点》中提出："区域规划并不在于首府的控制之下的地区延伸，而是在于人口及服务设施能以何种方式分布，这种分布方式应该在整个地区允许和鼓励一种紧凑的和具有创造力的生活，把人群、工业和土地看成一个单一的整体……"

国际大都市规模和密度比较

分类	内容	东京	伦敦	纽约	巴黎	首尔	新加坡	上海
人口密度 （人/平方千米）	核心圈层（半径<5km）	11840	/	26552	23619	10357	8500	29940
	中心圈层（半径<20km）	13092	7290	10407	8084	17459	7531	17070
	外围圈层（市域行政辖区）	5798	4858	10407	916	17459	7697	3376
	大都市	2618	1395	1086	916	2047	/	2222（市域及近沪地区）
交通（%）	公共交通出行比（行政辖区）	51	26	23	62	63	44	26.2
生态（%）	森林覆盖率（行政辖区）	67（日本）	>70	24	27	64（韩国）	>70	15（中国21.66）

1. 数据来源：《上海市2010年人口普查资料》；2009年英国国家统计局人口普查数据；2010年美国国家统计局人口普查数据；2010年《东京统计年鉴》《巴黎大区2030》《2030首尔城市基本规划》《新加坡战略规划》《Population Trends 2015》《Passenger Transport Mode Shares in World Cities》报告。2.表格中上海大都市区指上海市域及近沪的苏州（市区、昆山,太仓）、无锡（市区）、嘉兴（市区、嘉善、平湖、海盐）、南通（市区、启东、海门）、湖州（市区）等五市在内的行政辖区范围，面积约2.1万平方千米。

图 2-1　上海、纽约、伦敦、东京等城市人口密度分布分析

图片来源：上海市城市总体规划（2017—2035年）

案例：东京都市圈多中心空间布局——轨道交通体系与土地利用模式的结合

东京的城市轨道体系在大都市圈半径为50km的范围内密集分布，并通过城际轨道连接中心城区与其他城市，土地开发基于轨道站点进行有功能侧重点的综合性开发，形成在区域内的均衡就业以及居住空间分布（图2-2）。

在东京都心20km以内的范围内，依托轨道交通串联都心与副都心（图2-3）；在20~50km范围内，以市郊铁路连接东京都与近郊三县；在50~80km范围内，通过城际轨道连接原有低产农业地区开发工业新区和工业用地。

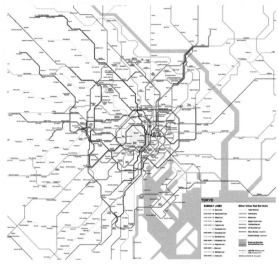

图2-2 东京都地铁网络图

图片来源：日本国土交通省：《公共交通业务现状及对策报告》，2016，http:// www. mlit. go. jp / en / tetudo /

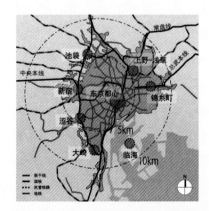

图2-3 东京都区部城市结构及主要轨道网

图片来源：曹庆峰、常文军：《日本轨道交通发展历程及经验启示》，《交通运输研究》，2019年第3期

基于东京都市圈便捷的轨道体系，轨道交通的利用率很高，东京通勤圈内人口流动90%利用轨道交通工具，以东京都区部为圆心，5%通勤圈超出50km的通勤半径（以中心城市为目的地的通勤率达到5%的外围环状地带，统称为5%通勤圈，其他依百分比类推），中心城区外围均匀分散着30%通勤圈（图2-4）。横滨市、琦玉市、千叶市、川崎市等东京都周边城市位于东京都区部的通勤圈范围内，作为东京通勤圈的一部分继续呈放射状向外围区域扩散（图2-5）。可见东京轨道体系与土地利用开发的结合，对人口的疏解起到了显著的成效。

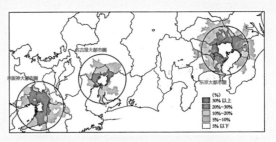

图2-4 流向东京都区、大阪、名古屋的通勤率（2005年）
注：圆心为各大都市的中心点，圆半径为50km。

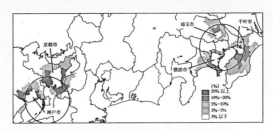

图2-5 流向周边城市的通勤率（2005年）
注：周边城市指位于日本三大都市圈周边的政令指定都市。

图片来源：富田和晓：《新版图说大都市圈》，王雷译，中国建筑工业出版社，2015，第112页

（1）多中心布局有助疏解房价压力

区域与城市群的合理空间布局高度依赖于交通网络的整体布局。当区域范围内的交通可达性普遍提高，经济活动与居住的空间选择范围则明显扩大。通过交通布局的改善，适宜发展的土地供给得到增加，整体租金和地价水平也将降低。

就空间布局而言，多中心的空间发展策略缓解了中心城区土地及

空间供给的压力，也提升了周边地区的土地利用效率，使城市居住空间得到均衡布局。

居住空间品质的提高和数量的增加，对于吸引科研、创新、创业人才和提升城市的社会包容性，有根本性的帮助，是区域与城市群竞争力的重要要素之一。

案例：日本新干线——对区域房价均衡有促进作用

根据加利福尼亚大学洛杉矶分校的一项研究，在 55 年的时间里，东京和大阪之间的新干线降低了土地成本，减轻了主要城市的房价压力。

该研究通过调查日本某县火车站周边社区在 1955—1997 年的高增长年和 1998—2010 年的低增长年两个时期的土地价格，发现这些社区在新增高铁线路后，土地价格不断上涨。但在新干线投入使用之后，该县土地成本的整体增幅平均减缓了 33%，抑制了社区房价的膨胀。

在新干线建成之后，城市规模扩张到了地价比较便宜的城市边缘区，因为可用于开发住宅的土地量增加，当其他条件相同时，土地价格将下降，整体房价将下降。

高速铁路线将房地产需求从成本较高的大城市转移到成本较低的郊区和农村地区。通过帮助大城市"去中心化"，高铁缓解了中心城区压力，减少了整个地区的土地价格增长，由此提升了整个区域房价的均衡性。

资料来源：Jerry Nickelburg, Savrabh Ahluwalia and Yang Yang, "High-Speed Rail Economics, Urbanization and Housing Affordability Revisited:Evidence from the Shinkansen System". UCLA Anderson Review, 2018,https://www. anderson. ucla. edu/faculty-and-research/anderson-review/high-speed-rail

（2）形成功能完备的新市镇，疏解大城市发展压力

在中心城的周围建设新市镇，以多中心的形式组织起生活与工作，能够达到分散工业活动和工业相关人口的效果，建立起一个更加和谐的城市社会。

不同于功能单一的"睡城"，新市镇是一个功能混合、规模适度的城镇。新市镇模式包括以下几个特点：多个新市镇与中心城市构成多中心的城市空间结构；新市镇内部混合不同的城市功能，并形成紧凑的空间布局；在新市镇内将不同住宅类型结合起来；交通与环境、用地的设计相互结合；形成良好的步行环境；强调公共交通的发展与使用。

1　翟健:《国际新城新区建设实践（一）：英国新城——进程及特征》,《城市规划通讯》2015 年第 1 期。

2　雷德朋模式：将居住区道路按功能划分为若干等级，提出树状的道路系统以及尽端路结构，在保障机动车流畅通的同时减少了过境交通对居住区的干扰，采用了人车分离的道路系统以创造出积极的邻里交往空间。

案例：英国的三代新市镇——从单一功能到复合功能的新市镇模式[1]

英国第一代新市镇是"二战"后恢复期为解决住房问题而建设的 14 座新城。建设年代在 1946—1950 年。代表性城市是哈罗。

该时期的新市镇受田园城市的思想影响，特点包括：规划规模小；建筑密度低，住宅模式以独立式住宅为主；借鉴邻里理论，住宅按邻里单位进行建设，各邻里间有大片绿地相隔；功能分区严格。道路网一般由环路和放射状道路结合组成，强调独立性与平衡。放射状道路主要连接新城中心和邻里中心，环路连接各邻里中心，邻里内采用人车分行的雷德朋模式。[2] 第一代的新市镇经济问题考虑少。就业困难，缺乏活力。

第二代新市镇建设时期，房荒问题基本解决，新市镇建设注重开辟新的经济增长点。建设年代在 1955—1966 年。代表性城市是朗科恩。

第二代新市镇具有较高的建筑密度和人口密度，居住用地采用邻里单位的形式布局，具有较为紧凑的特征；有完整的人车分流交通体系；规划规模普遍加大，密度提高；淡化了邻里的单元式空间模式，由公共交通廊道串联各个邻里中心；更注重景观设计，完善绿化系统；规划布局与城市交通结合，应对私人小汽车的增长，构建机动车、公交车、步行等多层次交通系统；靠近工业居民社区，缩短居民上下班距离。

第三代新市镇是功能完备的新市镇。建设年代在 1967—1980 年。代表性城市是米尔顿·凯恩斯。

第三代新市镇的特征包括：新市镇在区域层次的作用更趋主导；规模更大；功能综合性更高，独立性更强；具有吸引力的反磁力城市特点；土地使用与交通紧密结合，出现了方格路网等极具创意的规划方案；提高交通系统运行效率与经济性；在城市区域边缘地区设置活动中心；突出环境景观特色。

3　王挺:《产业新城的正确打开方式——基于国际经验的视角》,《中国房地产》2016 年第 17 期。

案例：米尔顿·凯恩斯新城——英国第三代新市镇的代表[3]

米尔顿·凯恩斯新城是英国第三代新市镇的代表，具有以下特点：

工作生活配套完善

就业方面，提供相应的就业岗位供居民自主选择。住房方面，为新城居民建造不同大小、朝向、风格的房屋，供居民自由选择。在生活配套的适应性发展规划上，综合考虑就业、居住地及经济增长因素。规划者在设计之初就为小镇预留了购物中心等娱乐设施的空间。新城建设的各种配套设施齐全且合理，至今仍能有效利用。教育和医疗等生活配套也在城市发展过程中不断调整，以适应社会变化。

交通便捷

新城的道路规划借鉴了美国洛杉矶的网格道路布局模式，即每个网格的范围是 1km^2，一个网格就是一个社区；街道划分为小车道、公共汽车道及自行车道，市内交通井然有序；设置人行道，有效实现人车分流。

社会平衡

考虑不同居住群体的差异，为各类居民提供了相应的就业机会，让其感受到新城所带来的尊重感以及安全感。相关生活配套的建设，为老年人建立了老年机构供其养老，并配备了相关文娱设施。

城市有吸引力

在道路规划上，保证两地之间有多条道路可供选择。精心设计街景，道路两侧没有布置高大的建筑物以避免其带来的压力感。重视环保，规划的公园占地超过城市总用地的六分之一，布置各种花园、自然公园、人造湖泊、环城森林，购物中心里也设置室内花园。不仅为当地增加绿色空间，而且为居民提供重要的娱乐休闲场所，吸引人们在此停留。

弹性规划

考虑到未来人口的变迁、科学技术的发展和未来公共交通的升级换代将对居民的生产生活方式产生重大影响，对新城的规划布局留有余地，以便未来能及时调整以适应新的变化。

资源实现有效利用

米尔顿·凯恩斯运用先进的规划理念实现城市物质设施的充分有效利用，包括网格道路布局模式、大轴线空间、大尺度的生态景观、人车分流等。以产业为支撑，成功构建规模较大的、有吸引力的"反磁力"城市，吸引大量中心城市的人们前来就业。

案例：上海"一城九镇"[1]

"一城九镇"，是上海为努力构筑特大型国际经济中心城市的城镇体系在"十五"期间提出的发展思路。"一城九镇"即松江新城，以及朱家角、安亭、高桥、浦江等9个中心镇。整个试点工作将实施重点突破、有序推进的方针，并借鉴国际成功经验，实现高起点规划、高质量建设、高效率管理，建设各具特色的新型城镇。

规划背景

"九五"期末，上海市权威部门预计上海郊区城镇化水平在47%左右，也就是说郊区城镇常住人口占郊区总人口的比重已达47%左右。但是，郊区城镇建设中也存在着一些突出的问题：量有增加，品未提升，总体上处于自发的发展状态。根据"中心城区体现繁荣繁华，郊区体现实力水平"的要求，上海将力争加快郊区城市化步伐，因地制宜塑造"一城九镇"的特色风貌，规划设计采取国际招投标的方式，引入国际的先进设计理念，提高城镇规划的起点与水准。

城镇功能

在城镇功能上，实现以住房开发为主的单一功能建设向培育产业、繁荣

1 上海市政府：《关于上海市促进城镇发展试点意见的通知》（沪府发〔2001〕1号），明确重点发展"一城九镇"。

经济、增加就业、形成区域经济增长的城镇综合功能的转变；在投资重点上，实现重视直接经济效益的基础设施建设向注重社会效益的人文、生态和环境建设的转变。"以人为本"，试点城镇将多渠道吸引人口进入。

每个镇具有不同的经济格局，如松江新城、安亭（汽车）、芦潮港（深水）、朱家角（旅游）、枫泾（商贸）、高桥（港口城镇）等特色镇。

人口落户政策

明确市中心城人口迁入试点城镇的引入政策，提出符合城镇发展需要的外省市人员迁入试点城镇的准入条件。

对上海市农民实行向试点城镇集中的导入政策。户口在上海市农村的人员，凡在城镇建成区内购买商品房者，或经批准在镇区内自建房者及其直系亲属，可申请落户该城镇。

2.1.2　区域内各城市通过差异化与互补发展，形成"团体冠军"

（1）大、中、小城市和小城镇都能成为具有自身特色的"节点空间"

1　冷炳荣、王真、钱紫华、李鹏：《国内外大都市区规划实践对重庆大都市区规划的启示》，《国际城市规划》2016 年第 6 期。

以东京都市圈为例，"双快"交通网络串联区域重要功能节点，产业依托轨道交通外溢，各中心之间形成合理的分工体系。东京都发展高端生产性服务业，近郊三县重点发展制造业与批发零售业，远郊四县主要发展食品、材料等行业，形成"圈层分工、集群发展、网络互动"的产业分工体系。[1]

在德国斯图加特地区也同样依托基础设施和多中心的城市空间布局，形成了在区域范围内的多节点职能模式，并在各节点内发育起高效能的专业化产业集群。

在多中心的城市空间体系下，各中心通过差异化发展，形成分工与协作，造就了区域与城市群的共同发展，形成大、中、小城市共同发展的"团体冠军"。

（2）中小城市通过协同发展，共同在国际舞台中胜出

在同一区域的中小城镇，通过共同构建多中心的城市空间，在维持每个城市、乡镇和村庄的地方性和优越性的基础上，创立互补的特点，使得城市群作为一个整体出现在全球城市的国际舞台上，发挥单个城市所不能形成的整体竞争力。

通过构建多中心城市空间，中小城市协同发展，则有机会共同为区域发展提供基础设施、服务设施和多样化的住房等。

案例：西班牙巴斯克——单打难以取胜，联结可以成为团体冠军[1]

近十几年的国际形势表明，新的经济形势要求城市全面综合的行动能力达到非同一般的层次和水平，以支持企业更好的发展。萨斯基亚·扎森提出，企业业务的全面开展需要特别专业的服务机构的支持，这种服务机构职能在具有一定规模的城市节点里才能找到。对于中小城市而言，单个城市显然很难达到这一规模。

面对这一挑战与机遇，西班牙巴斯克从区域角度出发，将地区分为15个功能区，保持城市、乡镇和村庄的本体性，发挥各自优势，联合形成多中心城市区域（图2-6），其中包含功能和经济一体化的3个首府，以及作为"髋骨"连接3个首府的潘普洛纳（Pamplona）、洛格罗尼奥（Logrono）、桑坦德（Santander）和巴约纳（Bayona）。

1 阿方索·维加拉、胡安·路易斯·德拉斯里瓦斯：《未来之城——卓越城市规划与城市设计》，赵振江、段继程、裴达言译，中国建筑工业出版社，2017，第212页。

图2-6　西班牙巴斯克空间结构图

45

任何构成巴斯克城市体系的城市都不能孤立地在全球城市的国际新舞台上发挥杰出的作用，任何一个首府也都不能提供专业服务设施所需的规模。而通过协同发展，巴斯克能提供基础设施、设备配置和选择权利等便利条件，并能达到国际水准，成为国际竞争中的"团体冠军"。这大幅提高了地区的整体吸引力，每个城市都可从中获益。

巴斯克中小城市协同发展，形成强竞争力的区域结构，包括但不限于以下几个方面：

* 巴斯克拥有特殊的区位结构，既是巴黎马德里南北走廊的交会处，也是埃布罗（Ebro）河中轴和坎塔布里亚（Cantabrica）山脉中轴两处横向走廊的交会处。

* 首府采取多中心体制，3个主要城市井然有序地分布在巴斯克的土地上，它们之间的距离虽短，但其轮廓和特点却相互区别、取长补短，构成重要而有竞争力的优势。

* 巴斯克拥有中等规模的城市网，在城乡构成了一体化的关键条件。从区域结构的全面均衡和社会均衡的角度来看，它们都是重要的都市中心。

* 农村保持着自己的本体性、形态和形象，是延续地方传统、风俗习惯及特质的核心和根本。

* 巴斯克的地理位置的竞争优势还应特别提到69处重要的历史中心群体，它们是优质的文化、历史和都市遗产。

* 城市体系中自然空间网交织在一起，保证了生物多样性、景观质量和巴斯克居民享受选择土地的权利。

* 当地的人文精神被誉为"强健的本体性"，这种本体性在经济方面保持人们进取的事业精神，保持适应转型的能力以及在危急时刻战胜困难的精神；政治方面保持区域管理的特有机构；社会方面保持地方特有的语言、传统和具有历史渊源的风俗习惯，保持着对家庭重要性的认识，这是平民社会的堡垒以及重要的归属感。

2.2　富有价值的生态空间

2.2.1　协调城市与自然的关系

在城市之间相互割裂而没有合作的情况下，各城市政府将在自己的行政区域内追求经济效益的最大化，开发成本的最小化，而形成土地蔓延和低效开发的后果，或不考虑相邻城市的生态效益而进行缺乏管理和节制的废水、废物排放等，对区域的自然环境形成侵害，导致区域的发展不可持续。

绿色发展的区域与城市群需要协调城市与自然之间的关系，通过区域协调以及城市与城市之间的合作，寻找区域与城市群共同的生态空间，即生态基底和具有再生能力的生态体系。

"生态空间"是富有价值的空间，是区域与城市群竞争力的重要构成。

保持并发挥生态空间的生态、生产、生活价值，是绿色发展的区域与城市群的重要特征。区域的自然绿带、河流水系，不仅是城市群生态调节系统的重要构成，同时也是人类生产、生活的重要资源和空间载体。在绿带中发展的农业、林业，在水系中发展的渔业、航运业，以及在大自然中发展的保护性旅游业，是支持城市健康良好运行的重要保障。

美好宜人的水系和绿道，是区域与城市群在生态层面形成可持续发展的线性空间，它确保了区域发展有充足的、可持续的自然资源支撑；也是为区域与城市群居民提供美好生活环境与休闲娱乐好去处的重要支持；更是吸引人才与企业的重要环境。

2.2.2 维持富有价值的生态空间需要区域协调与城市间的共同治理

自然的山水格局，如江河流域、山林绿带等，是不受人为划定的行政区限制而在区域上形成一体化的自然基地，绿色发展的区域与城市群能够在区域层面、跨行政区之间，对生态空间的保护与发展形成共同治理的格局。

（1）区域绿心与绿道的维护

区域绿心与绿道的维护与发展，能够为区域城市带来良好的生态调节机能，同时也可发展种植业、林业、旅游业等。

区域绿心的维护，需要在区域层面划定适宜开发边界线与禁止开发边界线，并确定相关责任政府部门或区域联合政府机构，构建动态的监管与协调的机制平台。区域协调组织、市政府、县政府等在编制国土空间规划时应对所能统筹的地区进行生态空间的一体化考虑。

（2）流域的共同治理

水质的提升、水能的利用、灌溉业与渔业的发展、旅游的开发、航运的管理、防洪的治理等内容，都是流域治理的内容。

流域往往贯穿多个行政区域，通过形成上下游城市间的协商机制，或组成政府层面的区域流域治理委员会，对流域整体实行综合的保护和开发利用，是流域治理的有效之策（图2-7）。

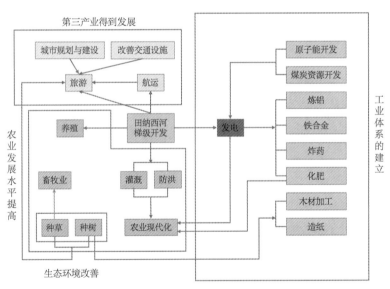

田纳西河流域的综合开发与治理

图 2-7　田纳西河综合开发内容

图片来源：根据网络自绘

（3）增长边界的管理

增长边界管理是精明增长的重要管理工具。城市增长边界的划定，往往与城市公共交通系统或轨道交通系统的整体布局一起，成为控制土地无效蔓延的政策与管理工具（图2-8）。

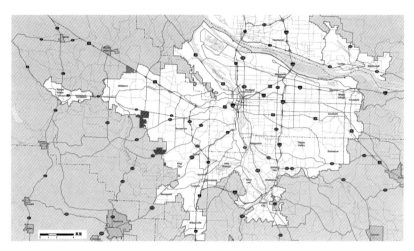

图 2-8　波特兰大都会区城市增长边界

图片来源：魏德辉、谌丽、杨翌朝：《美国波特兰的宜居城市建设经验及启示》，《国际城市规划》2016 年第 5 期

通过公众参与的方式，加强政府与政府之间、政府与社会之间、政府与企业之间的协商，划定城市增长边界，能够获得城市社会各界对增长边界的认同，并使之易于执行。

专栏：生态规划与区域规划，理念与实践 [1]

建立在生态学基础上的规划将重新把城市放在其区域范围内考虑，这里的区域是以它本身的自然特性来划分的。此外，生态观点在实际规划中特别关注区域的变革，关注自然赋予城市发展的先决条件。当可持续发展的思想开始流行，从生态预算角度的规划传统就已经存在了。

在《区域规划与生态》一书中，经过对自然资源的利用和人类的活动及其社会行为模式之间的系统认真思考，麦凯企图创立区域规划。他认为区域规划的关键是要创立根植于生态环境的区域规划，而不仅是关注"社会—经济"固有品质的区域规划。

1921 年麦凯设计出了"阿巴拉契亚小径"，这是一个跨越美国东部几个省的自然区域，而小径是一条风景路线。这项开拓性的工作中，麦凯运用了区域规划原则并直观地理解了人与自然的关系。具体来说，不是建议保护和不去接近未垦殖的空间，而是组织一些为了使被摧残的粮食和农业区经济复苏的、经过深思熟虑的再创造活动。

1　刘洁、吴仁海：《城市生态规划的回顾与展望》，《生态学杂志》，2003 年第 5 期。

2.3　完善的支撑体系

2.3.1　高效的生产要素"流空间"

（1）什么是"流空间"？

"流空间"是指客流、物流、资金流和信息流等生产要素依托交通与信息网络，在各地方之间流动而建立起来的空间。这是对空间进行认识的一种新视角。

"流空间"可分为由交通基础设施承载的"实体流空间"，以及依托电子通信网络的"虚拟流空间"。"虚拟流空间"的出现，使人或组织能够实现在同一时间上远距离的信息、技术、资金、管理等方面的联络与操作，对"缩短"地方与地方之间的联系具有变革性的意义。

（2）城市群是以"流空间"为基础的城市形态

在全球化时代，因全球产业链的发展，物资通过海运、空运、铁路运输在全球范围内配置和流动，资金通过跨国企业、金融机构在全球范围内进行配置，人才在世界范围内迁移，管理与技术也随着企业投资或企业间生产及服务的联系而在全球范围内扩散，全球层面的"流空间"得到发展并变得活跃（图2-9、图2-10）。

在城市群层面，由于地理、文化、社会、经济、组织等各方面的邻近性，城市与城市之间各种要素得到高频率的、充分的融合与交流，城市群成为"流空间"主要载体，并成为一种重要的地域经济同盟（图2-11、图2-12）。

案例：全球与国际层面的"流空间"

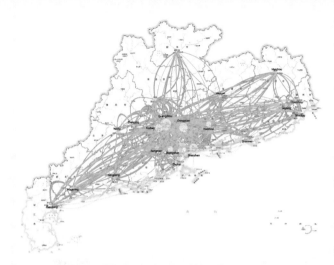

图 2-9　广东省高铁通行网络

图片来源：作者自绘

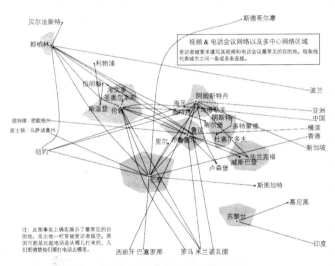

图 2-10　欧盟电话联系网络

图片来源：彼得·霍尔、凯西·佩恩：《多中心大都市——来自欧洲巨型城市–区域的经验》，罗震东等译，中国建筑工业出版社，2010，第134页

案例：城市群的"流空间"

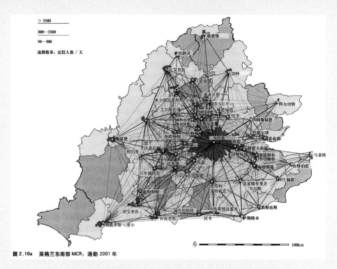

图 2-11　英国东南部城市群通勤联系网络

图片来源：彼得·霍尔、凯西·佩恩：《多中心大都市——来自欧洲巨型城市 - 区域的经验》，罗震东等译，中国建筑工业出版社，2010，第134页

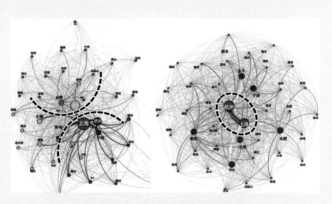

图 2-12　长三角城市群产业联系网络

图片来源：杭州市规划局、中国城市规划设计研究院：《2050 杭州城市发展战略》

　　在市域及县域范围内，也同样存在着由密切的客流、物流、资金流、信息流构成的"流空间"，要素主要向中心城区或县城汇集，不同节点之间存在着交叉联系（图2-13、图2-14）。

案例：市域的"流空间"以及县域的"流空间"

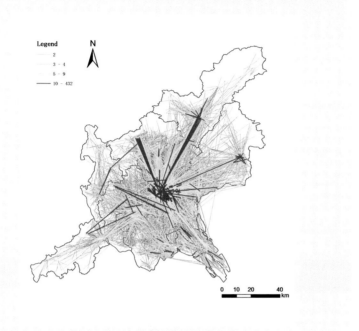

图 2-13　广佛区域内手机信令联系网络

图片来源：作者自绘

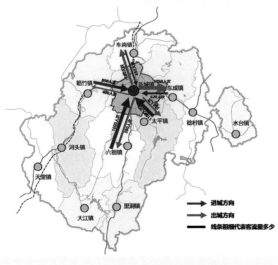

图 2-14　广东省新兴县的通勤联系网络

图片来源：作者自绘

（3）"流空间"的节点，是创新的空间，是区域发展的增长极

"流空间"的节点，是生产要素高度集聚的地方，也是区域发展的"增长极"。创新依赖于具有不同思想、信息、资源、知识的人之间的交流，依赖于企业、研究机构、培训机构、政府等多方主体的联系，依赖于多种要素流的集中。"创新空间"出现在人、资本、信息、产品等多种要素高密度集聚的区域中心城市，或创新走廊之上。

城市谋求发展，需要提高自身在"流空间"中的节点地位，增强自身的竞争力，增强对要素的吸引能力，以统筹领域更多、范围更广的资源。而一个区域与城市群的整体发展，则需要充分发挥区域中主要城市的资源整合作用，面向全球统筹资源，带动本地整体发展。

1　车玉玲：《空间修复与"城市病"：当代马克思主义的视野》，《苏州大学学报（哲学社会科学版）》2017年第5期。

专栏："空间修复"——通过吸引流动资本，驱动城市空间的建设 [1]

城市的建设是由资本所塑造的，从这个角度，城市作为资本的空间载体而存在。当代西方地理学家大卫·哈维在其最近的研究中，使用"空间修复"（the Spatial Fix）来进一步阐释资本在全球流动的过程中，也对城市进行着塑造。

进入城市的流动资本通过几种方式来实现空间的修复，也为资本本身找到新的增值途径。

第一，资本投入使得空间自身作为一种商品，例如商业物业的建设。

第二，资本转化为城市中公共设施与设备，如高速公路、集装箱码头、机场等基础建设的投资。

第三，通过空间的建设塑造出不同功能的空间，也塑造着社会网络的关系，如住宅区、商业区、休闲区、行政区等，也引导不同职业人群、不同消费取向的人群在空间上的分布与交流。

第四，随着交通、通信、信息、金融等的迅捷发展，资本的流动性大大增强，跨越不同空间之间障碍的时间大大缩短了，哈维把此称为"时空压缩"，或者说"用时间消灭空间"。资本可以突破地域的限制，利用不同国家与地区之间在劳动力、原材料等一切方面的差别实现其增值的目标。为寻求最有利于自身增值的地区，资本的便捷流动使得空间修复在全球层面展开，并呈现出"不平衡的地理发展"现象。

由此，城市空间的建设，需要形成对流动资本的吸引能力。城市需要从经济、社会、环境等多个方面，构造自身的全球竞争力，以推动城市的"空间修复"。

（4）"流空间"以人才为核心

21世纪什么最贵？人才。随着科技的不断进步，资金、技术、信息和物质的流动越来越归结于人才流动的影响，满足高素质人才的人居环境和区域环境，成为打造区域与城市群的重点任务。

身处全球化阶段，具有竞争力的城市无疑在吸引和培养高素质人才方面具有突出的能力。在这个意义上讲，沟通机制、工作机制、创新氛围、教育设施、居住环境、生活质量、社会平稳度、治安状况、自然景观保护和城市空间设计等都是竞争力的重要因素。只有成功地引入和培养了高素质人才的城市，才能够繁荣发展。

2.3.2 完善的"设施网络"

（1）完善的交通基础设施和信息网络接入，是支持要素高效流通的重要渠道

人员和货物的高效流动，是区域空间结构构建的主要目标。多中心的均衡空间布局，配合互联互通的基础设施、信息网络接入，是高效"流空间"形成的重要支撑。在城市群范围内，城市、中小城镇和乡村地区与交通基础设施均需要有足够的连通度，带动中小城镇与乡村地区发展，使城市群更均衡发展。

（2）城市群内复合枢纽体系，是区域整体发展的重要支点

城市群内部的港口、机场等重要交通枢纽是区域与城市群接入全球生产要素"流空间"的重要支点。城市群内部，港口、机场等对外枢纽需形成协同发展的体系，支撑起城市群整体地区的发展。此外，在门户地区形成"空铁联运""港铁联运"的复合枢纽，进一步放大枢纽地区汇集资源和带动区域发展的综合能力。

（3）多样化的交通出行方式与土地利用的配合，是绿色出行的发展策略

提供多样化的交通出行方式，包括城市内部的地铁、公共汽（电）车、自行车出行，以及城市间的轨道、市际公共汽车等，并与混合的土地利用方式相配合，对于在客运和货运的增长下，避免道路交通的拥挤，减少人对汽车的依赖十分有效。在城市及其腹地和人口稠密地区则需要着重实施有利于公共交通使用的政策。

（4）信息基础设施已经成为新时代重要的新型基础设施

"虚拟流空间"与"实体流空间"可达性的叠合，对地区的发展十分重要。尤其对于边缘地区，信息网络的发展可以在弥补交通可达性不高方面起到重要的作用。在许多领域（远程工作、远程教育课程、远程医疗等），信息基础设施能够以可承受的价格提供高质量信息通信服务。

2.4　内生增长的资本体系

2.4.1　可持续发展的"硬资本"和"软资本"体系

可持续发展既需满足当代人的需要，又要保障未来的发展需要，是经济、社会和环境等多方面因素共同作用的发展模式。衡量发展模式是不是可持续，需同时考虑经济、社会与环境基础的发展情况。

自然要素、基础设施、人才储备、文化环境、制度环境、经济运行体系等涉及经济、社会、环境的多方面要素，都是区域与城市群发展的自有资本，也可以通过投入、培育、建设等方式，使这些要素成为帮助地区持续发展的"资本"。

绿色发展的区域与城市群，强调从自身的"资本"建设着手，形

成具有内生发展的动力，同时注重对外部资源的吸引，成为具有地方特色的经济、社会、环境综合体。

总的来说，城市资本包括"硬资本"和"软资本"，硬资本包括自然资本和制造资本，软资本包括人力资本与社会资本。

（1）自然资本——具有可持续的环境承载力

自然资本是可以直接或间接地与人类福利联系在一起的自然要素（图2-15），包括可以进行开发的木材、水、能源和矿物等传统自然资源，还包括生物多样性、濒危物种、水系统、大气系统等要素。自然资本能够输入经济过程并维持地球上生命的存在。

图 2-15 《设计结合自然》

1 范振刚、单宇:《生态足迹与可持续发展》,《自然杂志》2009 年第 5 期。

自然资本的维护和构建，以维持或提高自然环境的承载能力为目标。其中应用生态足迹对环境可持续性进行评估是一种有效的方式。通过生态足迹需求与自然生态系统的承载力（亦称生态足迹供给）进行比较即可以定量地判断某一国家或地区目前可持续发展的状态，以便对未来人类生存和社会经济发展作出科学规划和建议。[1]

只有在人类生活的地域共同体以及生态环境共同体的区域尺度下，才能有效地对环境的承载力进行衡量以及调整。

（2）制造资本——承载生产要素高效流动与实现综合发展目标的有效载体

制造资本是生产或促进其他商品和服务生产的制成品，这包括基础设施、建筑、机器、工具等用于生产其他商品和服务的资产。

制造资本在区域与城市群尺度，主要指基础设施与土地开发。支撑区域与城市群的绿色发展，制造资本需对实现各类生产要素高效流动、降低城市能源消耗、缓解城市人口集聚及房价压力、提高社会包容性等综合性目标方面予以支撑。

建设互联互通的交通与通信设施网络、区域内高效的复合枢纽体系以及绿色市政基础设施，培育多中心且具备混合用地功能的土地开发模式，是通过制造资本实现区域与城市群绿色发展的重要路径。

（3）人力资本——高质量的人力资本是最重要的生产要素

21 世纪最重要的生产要素就是人才。人力资本，着重考虑的是劳动力的质量，是指个人所具有的有助于创造个人、社会和经济福利的知识、技能、能力。人力资本可通过心理和身体健康、受教育水平、工作技能等多方面进行理解和衡量。

如果一个地区具有身心健康、受教育水平高、技能水平强的人力资本，则有助于建立一个幸福、健康的社会，并且对地区的产业经济发展形成关键的作用。

创造人力资本的关键是教育，包括在家庭和早期托儿机构中的学习、正规的教育和培训，工作场所培训和工作或日常生活中的非正式学习。能够满足各类人群终生学习的多样化教育培训机会的供给，对于人力资本的培养非常重要。

健康本身被视为人力资本的一个组成部分，因为它显然与生产力正相关。构建一个有利于居民健康发展的生活、工作的生态环境也十分重要。

（4）社会资本——有效率、有凝聚力的社会网络

就像人力资本一样，社会资本也与人类的幸福有关，它由促进其成员之间的社会和智力交流，具有共同规范、价值观和理解的网络所组成。一个高效、有凝聚力的社会网络能够促进群体内部或群体之间的合作，是形成区域与城市群竞争力的重要因素。

社会资本内涵丰富，联系着经济、社会和政治领域，具体包括以下几个方面：

①社会信任、规范，人们可以利用这些来解决共同的问题，创造社会凝聚力；②社区协会、民间组织和合作社这些实体的社会组织及其之间的相互联系，体现在组织内与组织之间共享的知识、团队合作、行为规范和相互作用；③维持社会稳定和政府效率的政治和法律结构；④财政资源库存、投资体系等经济运行体制；⑤地区历史资源禀赋、地区发展文化、地方知名度等文化发展情况。

（5）资本根植于城市群

自然资本、制造资本、人力资本、社会资本等多种资本需要在城市群的层面进行认识和统筹。

环境承载力的衡量与维护，需要在人类活动的地域共同体以及一个相对完整的生态体系内进行整体考虑，如在同一个流域位于上下游的各个城市，需要通过政府协作、产业分工、技术互助等途径，来实现该流域整体的生态环境治理。

基础设施网络需在城市群范围内实现互联互通，才可支撑各地物资、资金、信息等生产要素的有效流动。而国土空间则需要在不限于中心地区的区域尺度下进行统筹，才可实现空间的均衡发展。

人力资本培育的关键是教育。只有在一定规模的区域范围内，才能有足够的人口与需求支撑，形成高等级的人才培育基地，如大学、研究院，乃至与大科学装置相配合的国家级实验室，并带动区域向经济、社会的更高阶段发展。此外，不同地域背景、学科背景、经验背景的人才在区域范围的充分流动与交流，才能有效激发创新的形成。

在社会网络方面，由于在区域范围内生产体系趋于一体化，城市与城市的正式与非正式、经济与非经济、个人及组织的关系也日益密切，而这也触发了政府层面地区与地区之间的商议与合作，共谋整体区域的长期发展。

可见，基于人类活动和集聚范围的扩大，生态环境体系的完整性，教育等服务部门的需求门槛，人才、信息、资本、物资多元生产要素的充分交流的需求，以及生产发展的地域分工与联系，都需要在城市群的层面进行培育、建设与统筹。

绿色发展的区域与城市群通过统筹"硬资本"和"软资本"，形成绿色发展的"柔性实力"。

具有绿色发展竞争力的区域与城市群，不仅注重物质空间的规划与建设，而且能够把自然资本、人力资本、社会资本与制造资本进行综合统筹。

各类资本存在着相互之间不可分割的联系，形成面向自然资本、人力资本、社会资本与制造资本进行全方位统筹的"柔性实力"，对于实现区域与城市群的整体竞争力十分必要。

自然资本的维护，需要通过地区间的管理合作、居民绿色消费习惯的培育而实现，同时自然资本的提升，将为城市群提供更具品质的、更可持续的生活空间。

制造资本的完善，同样需要通过地区间的合作来进行。公共部门与私人部门有效的合作伙伴关系，对制造资本的有效供给十分重要。充分的公众参与对于以人为本的人居环境建设提供支持。

社会资本是维系多样资本持续发展的重要纽带。企业等经济组织的合作，能够实现高效的社会分工及完善的供应链体系。非正式

的社会联系，促使各领域的资讯能够得到及时和充分的沟通。政府
间的合作，构筑起区域发展与建设多方面统筹的管理力量。畅通的
民意表达渠道，令市民能够充分地表达对城市建设的诉求，并产生
地区归属感。而地方文化力量的形成，则能够成为外界认识本地的
途径。地域文化或发展共识的形成，则能使地区与组织间合作更为
畅通。

案例：荷兰国土空间规划——自然生态、基础设施、城市化地区的综合统筹

　　荷兰政府通过第五次荷兰国土空间规划，在国家层面上形成面向多资本
的建设与发展共识，在全国领域统筹自然生态基底、基础设施布局、城市化
区域的维护与建设，并以空间规划的形式指导具体政策的形成和建设发展的
实施，形成面向可持续发展的竞争力（图2-16～图2-19）。

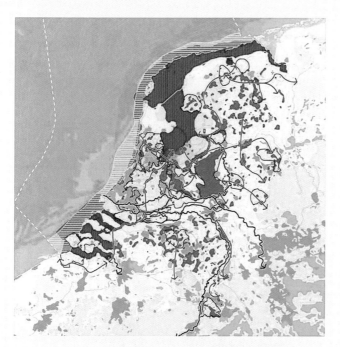

图2-16　2006年版荷兰国土空间规划自然生态基底

图片来源：Katern over nieuw ruimtelijk beleid in 2006

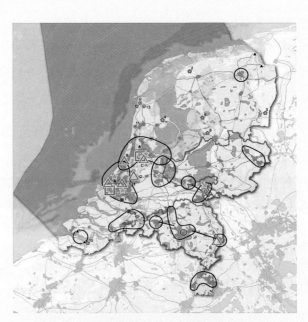

图 2-17　2006 年版荷兰国土空间规划基础设施布局

图片来源：Katern over nieuw ruimtelijk beleid in 2006

图 2-18　2006 年版荷兰国土空间规划城市化地区及核心城市

图片来源：Katern over nieuw ruimtelijk beleid in 2006

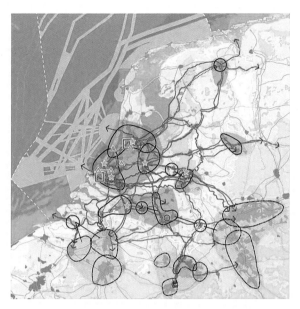

图 2-19　2006 年版荷兰国土空间规划全要素统筹

图片来源：Katern over nieuw ruimtelijk beleid in 2006

2.4.2　内生增长动力的创新要素分布

致力于绿色发展的区域与城市群，必须是具有创新能力的地区。创新是一个地区形成内生发展能力的驱动力。当前区域与城市群的发展更多地依赖于知识的创造和吸收，区域与城市群的竞争力很大程度上取决于区域与城市群的产业创新和升级的能力。

具有强驱动力的"创新要素分布"的区域与城市群，可在两个方面体现，其一是具有多层次的创新空间，以承载人才的交流与创新的产生；其二是能够保持稳定的经济增长，以环境友好的经济发展模式，形成创新、高科技服务的输出。

（1）构建多层次的创新空间体系，形成创造力的空间支撑

创新空间体系大致分为创新单元、创新社区或创意社区、创新城区、区域创新系统四个层级，通过生产与生活空间的良好融合，构筑创新主体间紧密的社会关系网络，营造舒适、便捷、广泛交流与思维碰撞的创新与创业氛围。

创新单元：创新单元需要在城市中布置，因为城市是区域中各种要素最为集聚的地区，也是创新、创业活动发生最具备条件的地区。

创新单元包括国家实验室、大学或学院等科研机构、孵化器、创客工厂、创意区等类型，是创新空间的基本单元，为技术创新和创意提供基本的空间。

案例：创新单元——联合办公单元

"一起开工"社区是目前广州最大的联合办公空间，主要由跨界工作者组成，并在此基础上研制出一套共同作业的创新工具和内部运作机制，运用这套工具包和方法论体系为企业、机构和个人的非标准化问题提供解决方案。

案例：创新单元——孵化器

深圳前海深港青年梦工场：占地面积 5.8 万平方米，建筑面积 2.7 万平方米，可容纳约 200 家创业企业或团队入驻，是国内首个深港合作国际化青年创新创业社区（图 2-20）。

图 2-20　深圳前海梦工厂功能图

图片来源：作者自绘

案例：创新单元——垂直空间的混合利用

　　YOU+ 国际青年社区 2012 年始创于广州，致力于为优质青年创业团队提供免费优越的办公场所，还为创业者提供食、住、行、乐的完美生活体验。一层为公共活动空间，承担休闲娱乐、生活服务、创业创新等混合功能。 二层及以上为居住公寓（图 2-21）。

图 2-21　YOU+ 国际青年创业社区实景图

图片来源：作者自摄

　　创新社区或创意社区：在城市布局创新单元的同时，也需要同时对创新社区或创意社区的规划建设进行考虑，为创新创业创意人才提供综合服务、优质生活条件，并促进多样人才之间的互动与交流。

　　创新社区或创意社区是由创新单元和创新主体在社区层面紧密联系在一起的空间，不仅提供良好的创新创意氛围，还有便利的生活服务、创新人才生产要素和企业在空间上集聚形成紧密的社会关系。

案例：创新社区——新加坡纬壹工业园

　　新加坡纬壹工业园由核心功能区、多功能开发空间、资讯传媒城、生命科学园、生活区与项目后期开发区 6 大功能区组成。以"产城一体化"与"一栋建筑就是一个创新社区"为核心建设理念（图 2-22）。

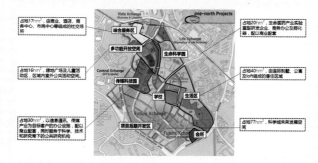

图 2-22　纬壹工业园功能布局图

创新城区：依托本地的产业集群、大科学装置等条件，形成的产城融合地区，如苏州工业园、上海张江科技园、东莞松山湖高新技术区等。

创新城区是一种城市空间，聚集着大、中、小企业，初创企业，高端研发机构，企业孵化器等机构；同时具有互动的技术网络、通达的交通体系、居住办公商业等多种功能混合等特征。整合了企业、教育机构、创业者、学校、混合功能开发、医疗创新、风险投资等一系列要素。

1 郑恺、汪盛东：《深圳南山蝉联中国区域孵化能力第一》，《深圳晚报》2016年12月23日第7版。

案例：创新城区——深圳南山区 [1]

深圳南山创新城区：南山区通过产业结构调整，着重发展创新型、高端化的高新技术产业，培育企业孵化器集群，把南山建成宜居宜业的国际化创新型城区（图2-23）。

创新企业集聚：上市企业109家，80%以上为科技创新型企业；8000多家科技企业，其中战略性新兴产业领域企业数量6700多家，国家级高新技术企业1163家。

创新机构与平台集聚：高等院校及其产业研究机构80所，已建成和正筹建的科研机构17家，高端创新载体581个。

创新中介与服务机构集聚：拥有9个国家级科技孵化器，集聚各类创新服务机构、风投创投机构、产业联盟和技术联盟等；全国超过三分之一的风投创投机构位于南山。

创新人才集聚：5000名博士后，50000名各类专业技术人员，云集大批创客和极客群体，创新能力在全国领先（图2-24）。

图2-23 南山区面貌

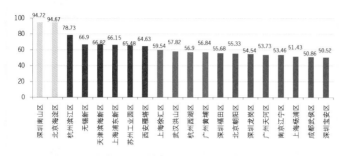

图 2-24　地区创新能力评价

区域创新系统：在一体化程度较高的区域，政府、企业、高校和科研机构、中介服务机构等创新主体依托交通、技术、产业、文化等网络，跨越行政边界，通过密切的相互学习激发创意，从而推动整个区域的技术创新，提升区域竞争力，如美国硅谷、第三意大利、日本筑波科学城。

（2）注重职业教育与基础教育的普及与提升

对于小城市和小城镇，可根据本地的产业基础，与大中城市的教育资源合作，引进相关职业培训学校，为本地产业的发展、技术的提升，形成持续的人力资本支撑。同时，小城市和小城镇还应注重小学、初中等基础教育的普及化，并通过与大中城市学校合作形成网络课程、远程教育等形式，提高本地的基础教育水平，为本地和区域的发展培养人才。

以环境友好的经济发展模式，形成创新与高科技服务与产品的产出，是城市创造力的重要体现。

在产出方面，绿色发展模式下强驱动力的"城市创造力"体现在以下几个方面：

①稳定的经济增长，以及高水平的生产效率；②增长是在改善

环境和向低碳经济过渡的同时表现的；③以创新、高科技的产品与服务出口为特色；④具有一系列高质量的高等教育和研究机构，并与私营企业有紧密的合作联系；⑤保持较高水平的 GDP 中的研发支出占比；⑥对技术密集型生产部门（如信息通信技术、生命科学部门）的企业有较强的吸引力，外国直接投资水平较高；⑦拥有高技能的劳动力和低失业率；⑧创业活动活跃，社会人群具有企业家精神。

1　LSE Cities, "Copenhagen Green Economy Leader Report"（2014）：411.

（伦敦政治经济学院：《哥本哈根——绿色经济领导者报告》）。

案例：哥本哈根——绿色经济的领导者[1]

哥本哈根被广泛认为是绿色经济的领导者。更广阔的哥本哈根地区占丹麦产出的 39%，长期以来一直保持稳定增长。哥本哈根的增长是在改善环境表现和向低碳经济过渡的同时实现的。在国家一级，丹麦的人均国内生产总值位居世界前 10 位，是全球 15 个最具竞争力的经济体之一。

哥本哈根绿色经济的特点：哥本哈根的高收入和环保表现是由该市 8 个绿色经济驱动力的强大组合支撑的。这些驱动力中有许多在欧洲和世界上名列前茅，包括城市形式、创新、技能和就业、低碳和环境质量。

在创新方面：哥本哈根首都地区是全球重要的创新发展中心。一系列高质量的高等教育和研究机构及它们与私营企业的联系，可能有助于其创新的卓越。丹麦的研发支出占 GDP 的 3.1%，是经合组织中最高的国家之一。

在国际直接投资方面：哥本哈根的国际直接投资（FDI）水平相对较高，而且哥本哈根首都地区对信息通信技术和生命科学部门的企业特别具有吸引力。但是，在 2000—2011 年期间，国际直接投资水平基本保持不变，国际直接投资存量占 GDP 的比例在 45%～52%。

在技能和就业方面：哥本哈根拥有高技能的劳动力和低失业率。哥本哈根拥有大学学历的成年人比例在欧盟排名第五，为 46%，远远超过了丹麦的其他四个地区。2012 年该市 7.7% 的失业率也比欧盟平均水平低 2.5 个百分点。

2.5 多维度的组织协调机制

致力于绿色发展的区域与城市群需要在区域层面实现城市与城市之间的合作，这不仅仅是行政管理技术问题，而且关系到区域社会政治治理问题。具体而言，区域治理是在寻求区域社会经济的均衡发展、生活质量的改善、认真负责的自然资源管理和环境保护。

区域治理涉及跨行政区的协调，包括水务、农林、交通、产业、用地发展边界等多个层面的对接，通常需要通过多维度的规划协议、组织平台实现。由此，形成政府之间的合作与协调机制，对于区域与城市群的统筹发展具有重要意义。

2.5.1 形成区域发展的共识

通过区域规划，构建国家、区域与城市的发展愿景，形成能够得到国家支持、各城市认同的区域发展行动纲要。[1] 在区域规划的编制期间，通过广泛的公众参与，使各界形成发展的共识，编制区域规划是贯彻实施的民意保障。

区域规划一旦编制完成，则是这个区域内各城市共同遵循的发展行动纲领，引导各城市在区域层面形成合作。区域规划的内容一般包括多中心城市体系的功能布局、基础设施网络、生态系统治理、一体化发展体制机制等内容。

除了纲领性、综合性的区域规划之外，还可在流域治理、林域管理、规划、绿道建设等方面，形成专项区域规划。同时，确立区域层面的管理平台及各城市相应的管理部门，推动相关规划得到落实。

1 国内的区域规划包括：《京津冀协同发展规划纲要》《长江三角洲城市群发展规划》《粤港澳大湾区发展规划纲要》等。
国外的区域规划包括：《欧盟空间发展战略》《荷兰国家空间战略》、西班牙《巴斯克自治区区域管理纲要》等。

2.5.2　构建多样的区域治理组织系统

　　区域与城市群的发展是个持续不断的过程，区域规划的编制与区域发展的协调都是一个区域内各城市间进行协调的"过程"。在这个过程中，需要有一个或多个能够联合各城市，以及政府、市场、社会各方面力量的组织平台，推动区域与城市群形成共同的发展能力。[1]

　　区域性的合作平台可包括各层级或地方政府间的联席会议（如省、行政区、相关城市的联席会议，或两个或多个城市之间的联席会议）；吸纳社会行业力量或咨询机构力量，与区域合作政府机构共建的合作咨询委员会；形成区域性的行业协会或商会，形成与区域合作政府机构常规化的沟通机制。

　　这些合作平台以及相关沟通机制的构建，有助于动态化地维护区域与城市合作的态势，对推动关乎整体区域发展福祉的项目落实，以及相关规划计划的动态调整，具有重要意义。

案例：前海深港现代服务业合作区组织机制创新[2,3]

部际联席会议——政府间的区域性合作平台

联席会议包括了国家发展改革委、科技部、工业和信息化部、公安部、财政部、人力资源社会保障部、国土资源部、环境保护部、交通运输部、商务部、文化部、卫生部、人民银行、海关总署、税务总局、工商总局、质检总局、知识产权局、港澳办、银监会、证监会、保监会、国家开发银行23个部委单位以及广东省政府、香港特别行政区政府、深圳市政府等共27个部门。

深港合作会议——咨询机构与政府间的区域性合作平台

"深港合作会议"是由深港两地研究机构共同发起，旨在实质性推进深港两地政府合作的一个交流对话平台。通过与会官员、专家学者和企业家的深入沟通与交流，旨在促成深港合作的思路转化为具体的政府行为，持续促进和完善两地已开展的合作项目，同时探讨新的合作领域，强化两地合作共识。

前海合作区咨询委员会——向政府提供重要参谋并向社会各界吸纳建议的组织平台

前海合作区咨询委员会是为组织实施国务院批复的《前海总体发展规划》

而设立的高层决策咨询、参谋机构，是向国家有关部委、广东省、深圳市提供前海开发开放决策咨询意见的重要平台，也是支持前海合作发展论坛运作，与国内外各界人士对接对话的重要载体。

前海深港联合工作组——负责推动深港合作的区域性日常工作小组

2012 年 9 月，根据《前海部际联席会议深港联络沟通制度》，在前海部际联席会议制度框架下建立深港两地更加紧密合作机制，确保深港两地建立便捷顺畅的交流沟通渠道，加强前海深港现代服务业合作区管理局与香港政制及内地事务局在前海开发建设中的沟通和协作。与港方共同研究制定促进深港合作共同发展的政策措施，共同解决前海开发开放中需要双方合作协调的问题，不断拓宽双方合作领域，创新合作模式。

03

建设具有竞争力的区域与城市群

● 以城市群中的各个城市为主体，介绍了大、中、小城市和小城镇在区域中应该如何有效地提升其所在的区域与城市群的竞争力。

● 大、中、小城市如何建设才能促使城市群更加均衡与协调发展；各城市应遵循何种原则才能促使区域生产空间合理布局；"快慢结合"交通与土地区域开发模式如何实现；如何通过制度设计实现区域与城市群的绿水青山共建共享，以及如何以项目为抓手，建立城市群的跨界协同发展机制。

3.1 构建大、中、小城市协调发展的多中心城市群空间结构

1　城市规模划分标准：
　　超大城市：1000 万以上；
　　特大城市：500 万~1000 万；
　　大城市：100 万~500 万；
　　中等城市：50 万~100 万；
　　小城市：50 万以下。
　　以城区常住人口为统计口径。
　　资料来源：国务院：《关于调整城市规模划分标准的通知》2014 年 10 月。

2　《国家发展改革委关于培育发展现代化都市圈的指导意见》（发改规划〔2019〕328 号）。

以交通基础设施和山水自然空间为网络骨架，以大城市、中小城市、小城镇等为城市节点，[1] 以推动统一市场建设、基础设施一体高效、公共服务共建共享、产业专业化分工协作、生态环境共保共治和城乡融合发展为重点，[2] 形成各类城市功能互补、城市与自然环境条件相适应的多中心城市群空间。

其中的关键在于保持每个城市、乡镇和村庄的独特性，延续传统文化、企业精神、治理方式等特色，并主动与外部保持良好的基础设施连接性以及和毗邻城市合作，由此发挥相互关联、均衡且具有竞争力的区域与城市群优势。

3.1.1　发挥大城市的中心作用，带动区域与城市群的整体发展

大城市是区域内率先实现现代化的先导地区，是城市群的要素配置中心、产业扩散中心、技术创新中心和信息流转中心。

（1）推动大城市产业高端化发展，以现代服务业促进周边城市制造业转型升级

加快推动大城市集聚创新要素、提升经济密度、增强高端服务功能。通过关键共性技术攻关、公共创新平台建设等方式，加快制造业转型升级。以科技研发、金融商务、文化创意、会展会议、工业设计等为重点发展生产性服务业，以功能混合的社区为创新单元，形成以现代服务经济为主的产业结构。

案例：上海虹桥综合交通枢纽的叠加效应

上海虹桥综合交通枢纽是我国最大的、功能最为复杂的空陆一体化交通大枢纽之一。日旅客吞吐量达110万人次，由机场、地铁、高铁以及交通换乘广场组成。该枢纽在功能上汇集了民用航空、高速铁路、城际铁路、地铁、高速公路、公交汽车、出租车等多种功能，多种交通方式实现无缝衔接，实现了大范围的跨区域人流物流快速集散，极大提高了交通枢纽的运营效率（图3-1）。

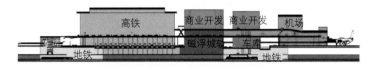

图3-1　上海虹桥综合交通枢纽剖面图

图片来源：郭炜、郭建祥：《上海虹桥综合交通枢纽总体规划设计》，《上海建设科技》2009年第3期

（2）建立与产业体系相匹配的高等教育体系，提升大城市的区域创新要素集聚能力

建设研究型大学、综合性大学、应用型大学、社区大学、职业技术教育学院等多元化高等教育机构，培育和集聚人才。高等教育的学科设置要与本地区主导产业以及未来技术相契合，加强研究型大学、应用型大学和企业之间的联系，缩短它们在地理空间上的距离，将创新的商业化"粘"在本地。

（3）建设交通枢纽和信息枢纽，提升大城市区域资源集聚能力，抓住"空港机遇"，提升区域与城市群竞争力

在区域层面，形成国际枢纽机场、国内干线机场、支线机场的多等级分工体系（图3-2），其中支线机场多承载面向主要经济区的中短途航线，并由靠近客源或货源的城市内部机场承担。

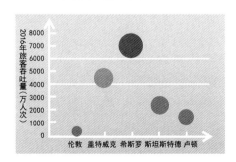

图3-2　大伦敦地区机场吞吐量等级分明，专业化功能释放支线机场价值

在空港地区，形成圈层式的综合土地开发（图 3-3）。距离机场 3km 的范围内，建设空港区，布局面向机场直接服务的功能。在距离机场 6km 范围内，建设临空港区，布局时间敏感性强的经济产业。通过区域通道连接机场与城市发展区，布局城市居住、服务及生产功能。

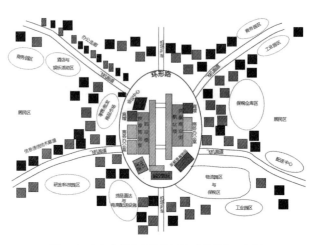

图 3-3 阿姆斯特丹史基浦机场 空港经济区布局

图片来源：译自 John D.Kasarda. "New urban development at and around airports." CIFAL, Atlanta (2006)

1 张国华、李凌岚：《综合高速交通枢纽对城镇空间结构的影响——以长株潭地区为例》，《城市规划》2009 年第 3 期。

案例：长沙"黄花机场＋高铁"复合枢纽，形成叠加效应，为长沙发展带来广阔腹地[1]

长沙黄花机场与长沙南高铁站由于仅相距 16.3km，其间规划有轨道交通便捷衔接，并处于城市的同一发展方向上，两者产生了巨大的叠加效应。

黄花机场本身具有承东接西、南联北进的枢纽作用，以长沙为圆心，半径 1000km 左右可以覆盖包括上海、郑州、武汉、西安、成都、昆明、海口、广州、深圳、香港、澳门以及台北等一系列重要的城市。机场与高铁的结合明显地扩大了机场的影响范围，机场—高铁 1 小时覆盖范围达到 7 万平方千米，2600 万人，1 万亿经济规模。

空港高铁站与距空港 13km 的国家级长沙经济技术开发区所在地星沙新城，共同作用形成黄花空港—高铁枢纽都市区，由此诱发长沙乃至长株潭城市区域腹地的拓展，促使长株潭区域发展重心东移趋势更加强劲。

在高铁站及机场选址建设中，需尽可能使高铁站与机场邻近布置，这将大大增强枢纽地区对要素流的集聚能力，使得城市能统筹更多资源。

建设信息基础设施枢纽，[1]抓住数字时代发展机遇。在有条件的地区，如具有气候优势、交通优势、客户优势、人才优势的地区，可抓住机遇，建设"信息枢纽"。具体可从以下方面着手：建设大数据处理中心、超级计算机、数据存储中心等公共基础设备；以产业政策吸引数字经济企业入驻；出台数据管理、数据使用的相关法规；组建面向数字产业提供服务的政府组织、商会、协商交流平台；通过政府购买服务，推动数字经济与相关服务企业发展。

案例：贵阳——建设数据中心，启动城市发展 [2]

规划在 2020 年将贵阳高新区建设成为"中国数谷之心"。目前，贵阳拥有英特尔、谷歌、百度、华为云、阿里巴巴、微软、国际商业机器公司（简称 IBM）、联想、腾讯等一批全球大数据领域知名企业，2017 年，贵阳市大数据企业实现主营收入 817 亿元，纳税额达到 110 亿元，大数据对经济增长贡献率达到 33%，贵阳经济增速连续 5 年稳居中国省会城市第一。

案例：无锡——国家超级计算无锡中心，带动无锡蠡园经济开发区数字经济发展 [3]

超级计算机"神威·太湖之光"安装在国家超级计算无锡中心。试运行期间，清华大学、北京大学、中科院软件所、中船重工 702 所、国家计算流体力学实验室等用户单位，在天气气候、航空航天、海洋科学、新药创制、先进制造、新材料等领域与国家超级计算无锡中心建立了应用合作关系。该中心将成为超算领域一流的服务中心、研发中心、产品创新中心、高性能计算人才聚集地、大规模并行应用软件研发基地和超算产业创新服务平台。

3.1.2　发挥比较优势，处理好城市与城市之间的关系

中小城市是多中心城市群中促进区域结构的全面均衡和社会均衡的核心，是连接我国城市与乡村的桥梁、纽带。[4]城市群中一体化高速铁路的网络、运行良好的机场和高速公路系统以及强大的数字化基础设施，为中小城市在一个日趋一体化和协调一致的城市群里发挥作用提供了条件。然而，这些优势并不会自动为中小城市带来繁荣，要想在城市群中发挥作用，中小城市可采用以下有效措施：

1　科学装置与科学实验室也是重要的基础设施枢纽，如东莞的中国散列中子源。城市应抓住科学基础设施的发展，建立研发与生产之间的交流与联系，形成研发—小试—中试—转产的产业链条。

2　陈鸿博：《贵阳高新区力争 2020 年建成"中国数谷之心"》，《贵阳日报》2018 年 4 月 21 日第 1 版。

3　孙权：《"神威·太湖之光"夺冠中国超级计算无锡中心启动运行》，《中国新闻网》2016 年 6 月 21 日第 1 版。

4　我国中小城市数量众多，2015 年广义中小城市数量占全部城市数量的 89.17%，经济总量达到 53.91 万亿元，占全国经济总量的 84.7%。中小城市具有更好的生活质量，体现在：较低的住房和生活费用，较低的犯罪率，较短的通勤距离，与大自然接触的便捷性，较低的建筑密度和人口密度，以及更休闲和压力更少的生活方式。

（1）基于区域发展趋势和地方比较优势，制定发展的蓝图

让地方政府领导、地方商业领袖、社区组织领导，以及各行各业的领导者共同参与到城市的决策中，对城市未来发展蓝图达成共识。设定可度量、可跟踪评估的目标，制定实施步骤。

1 彭恒：《向"东方孟菲斯"起航——我市全力建设湖北国际物流核心枢纽项目探微》，《鄂州日报》2018年 12 月 10 日第 3 版。

> **案例：顺丰机场落户鄂州市——发展蓝图的落实 [1]**
>
> 2014 年顺丰机场在湖北谋划选址，建设专业化货运机场。鄂州市决策层基于鄂州的地理位置优势，认为这对于鄂州是很好的机会，于是挑战"不可能完成"的招商任务。具体开展以下工作：
>
> 市委、市政府主要领导亲自挂帅跟踪顺丰项目，抽调干部、成立专班、收集资料、分析研究。邀请顺丰专家组对鄂州参与项目选址进行可行性研究。在空域技术、军民空域协调、环境保护、地质构造、产权等诸多问题上进行论证，并取得上级相关部门函件支持。提出了"多式联运"概念，根据临空经济特性制定了"一体两翼"的产业格局规划。
>
> 2016 年 4 月 6 日，国家民航局正式发文批复，同意将燕矶场址作为鄂州民用机场的推荐场址。历时一年零四个月，湖北国际物流核心枢纽机场项目正式落户鄂州，创造了国内民航史上机场选址的最快纪录。

（2）在大城市周边培育具有专业化功能的中小城市

充分利用中小城市土地、人力等综合成本低的优势，积极承接大城市产业转移，推动制造业规模化、特色化、集群化发展，形成以先进制造为主的产业结构。

> **案例：洛杉矶中心城区周边形成 28 个中小城市（次中心）**
>
> 围绕创新型产业核心，以相对独立的产业空间单元为细胞，洛杉矶的生产空间布局形成"中心城市—次中心城市—新城"的区域城市（Regional City）结构。洛杉矶共有 28 个次中心，可分为 5 类：
>
> 混合工业次中心：起源于交通节点（机场、港口、码头）附近的低密度制造业集聚区。
>
> 混合型服务业的次中心：类似传统的市区，提供多种类型服务，纳入都市经济体系以前是独立的中心。
>
> 专业化制造业次中心：包括原有的制造业产业区和机场附近大多生产航空设备的新制造产业区。

服务导向型次中心：雇佣从事服务行业、医疗保健、娱乐、教育的职员。

专业化娱乐服务次中心。雇佣从事电视和电影工作的职员。

（3）吸引超级大企业，让中小城市成为区域新的增长点

一个大企业造就一座中小城市：超级大企业可以为一座城市带来的不仅是大量的税收和工作岗位，更可以通过劳动力市场效率[1]和技术进步[2]大幅度提升地区的全要素生产率，进而吸引上下游配套企业、同行业企业、相关教育机构、生产生活服务机构、专业人才集聚，形成创新产业集群。

案例：美国匹兹堡——"谷歌效应"[3]

匹兹堡曾是美国著名的钢铁工业城市，20世纪70年代后钢铁需求下滑，城市陷入衰退。谷歌进入后，卡耐基梅隆大学随着谷歌搬迁进入，所在的面包广场形成活力社区，公共交通系统逐渐完善，大型商超、创意餐厅、精品酒店、孵化器等众创空间涌现，形成了科技产业集群，带动了匹兹堡产业转型。

案例：英国媒体城——BBC带来的产业集群

曼彻斯特媒体城位于曼彻斯特主城区5km之外的中小城市。BBC把每周拥有1亿收视人群的BBC体育和新总部从伦敦搬到这里，吸引了包括英国最大商业节目供应商"英国独立电视台（Independent Television，简称ITV）"在内的英国主流媒体机构集聚，并在此基础上吸引大批三维动画等新媒体、创意产业的创新企业和专业人才进驻，总计约有250家企业、7000名员工以此为家。此外，重视媒体教育的索尔福德大学、索尔福德城市大学和索尔福德技术大学学院均在此设立了新校区。

如何吸引超级大企业来到你的城市？最重要的是城市的"硬资本"和"软资本"，包括丰富的专业人才、良好的区位、激发创新的制度环境、宜居的生态环境。

丰富的专业人才：人才是吸引企业的第一要素，特别是与企业发展方向相匹配的专业人才。

---

1 劳动力市场效率提升：如果一家公司和超级大企业之间存在频繁人员流动（跳槽）的潜质，那么它就能更有效地雇佣到技能高且符合自己公司需求的员工，由此这家公司生产效率将大幅度提升。

2 技术进步：如果一家公司和超级大企业使用相似的生产方式和研发技术，该企业的实力增幅也会大于同城的其他企业。

3 大企业一定能带来城市的成功？如果城市的环境不够优质，即使引进大企业，也未必能为城市带来活力。堪萨斯城——"谷歌效应"失灵。

Google旗下的Google Fiber（谷歌光纤）选择在堪萨斯城建总部，然而引进谷歌光纤后，堪萨斯城2015年GDP的增速仅为1.5%，经济萎靡，就业率也一直很低迷。原因主要是：

（1）引进的大企业失去盈利能力；

（2）缺乏人才，地区最好的工程学院距离谷歌超过2个小时；

（3）融资环境欠佳，缺乏上市企业；

（4）低压力、低成本的生活环境，安逸促使叛逆、有冒险精神的年轻人缺乏。

良好的区位：接近金融中心的地区容易获得风险投资，对创业型人才有较大吸引力。接近机场、轨道站点的地区可达性强，对人才有吸引力。

激发创新的制度环境：承担风险、容忍失败的价值观，创新共享、企业合作的氛围，可鼓励企业不断学习与创新。

宜居的生态环境：温和的气候适宜人才居住，山水环境为员工提供多样化的户外活动选择。

此外，加分操作还包括：
税收减免：对企业税收减免，在企业为地区带来的员工数量达标后，补贴企业员工的工资税。

用地提供：提供靠近轨道站点的较大规模独立占地，形成以大企业为主体的产业园区和混合社区。同样地，在企业为地区带来的员工数量达标后，提供建设补贴。

教育培训：提供一定投资用于企业的科技岗位培训。

特事特办：在城市规划指标、项目审批流程等企业需求方面形成特殊决策。

案例：亚马逊第二总部选址

亚马逊在美国选址建设第二总部。在"海选"阶段共收到 238 份提案。最后在 20 个城市中选择了纽约的长岛与弗吉尼亚州的阿灵顿。亚马逊看重这两个地区的是：
区位：长岛距离曼哈顿 1 个地铁站，距离拉瓜迪亚机场 15 分钟车程；阿灵顿距离华盛顿特区 15 分钟车程。
空间：长岛提供 37 万平方米的总部，并修建交通设施；阿灵顿提供 160 万平方米的商业空间和约 60.7hm^2（150 英亩）的土地可供开发，并提供住房、生活服务配套。

人才：纽约是美国计算机科学毕业生数量最多的大都市区。纽约的硅巷集聚 1300 多家科技公司。长岛冷泉港实验室名列世界十大研究学院第一位。

优惠政策：提供人才补贴、现金补助、搬迁补贴，纽约从公共资金中提取近 30 亿美元欢迎亚马逊。

生态：温和的气候。弗吉尼亚州的波托马克河、雪兰多国家公园和纽约市的中央公园等提供了宜居的环境。

（4）发挥中小机场的专业化服务，提升中小城市在区域中的资源整合能力

城市群中的中小机场，可以通过以下做法，来承担空港枢纽的作用：

发展为支线机场：与航空公司合作，建立和区域枢纽机场的中转联运，发展支线航运，让城市对接更广阔的市场。

发展为经济型航空专用机场：与经济型航空公司合作，针对客源密集的航线，针对性地发展本地与国内或邻近区域经济发达地带的日常航线。

发展为区域货运机场：加强与快件运输企业的合作，设立货运基地，充分发挥机场资源集散能力。

发展为商务机场：邻近城市中心区的中小机场可发展为商务机场，以满足城市商务人员快捷出行的需求。

（5）强化中小城市和大城市的联系

加强中小城市与大城市的联系，更好地分享大城市的集聚经济。交通方面：大城市轨道交通适当向周边中小城市延伸。经济方面：大城市较为独立的功能外溢到周边中小城市。教育方面：建立连接大城市优质教育资源的信息平台，减少中小城市获得知识方面的不足。在人口较稀疏、经济较薄弱地区创建中小城市的城市体系。中小城市之间建立功能互补关系，结合周边乡村地区，共同建立统一的品牌。

3.1.3　县城要成为城乡统筹的中心

县城与广大的农村地区密切联系，是农产品物流中转集散地，也是县域人口、活动、生产与消费的集聚地。充分发挥县城的商贸中心的服务功能、绿色产业集聚功能和宜居特色，是促进区域城乡统筹的重要做法。

（1）以"公司＋农户"为主要模式，发挥县城作为城乡商贸中心的作用

充分发挥现代企业的技术、市场优势，通过现代化的经营方式、组织形式，进一步将农业与商业结合起来。通过股份激励，探索建立现代化共享的分配管理制度。村民以土地入股、资金入股的形式成立经济发展合作社。建立"公司＋农户"模式，公司为农户提供物资、技术、销售服务，农户结合企业生产需要，发挥所长，成为公司"生产中的一环"，接受企业的指导与监督。公司和农户可以通过"公司＋农户"的组织模式，能够共同应对市场波动（图3-4）。

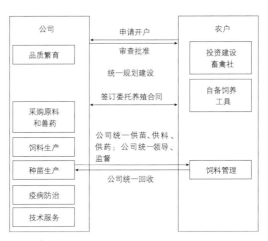

图3-4　某集团"公司＋农户"模式

图片来源：作者自绘

（2）以县城为核心培育"一二三产融合"的绿色产业集群，促进区域产业多样性

县城以工业化为龙头，为大中城市提供生产配套。培养"一村一品"新型农业产品，生产满足消费者需求的市场化产品，让产品"走出去"。以家庭旅游为核心，积极发展集农业生产、休闲观光、消费度假等于一体的具有本地特色的休闲农业，把城市人"请进来"。加强"互联网＋"农业，强化电商企业与小农户、家庭农场、农民合作社等对接，推动农业线上线下融合发展。通过农业科技创新推动传统农业向现代农业转变，在生产、加工、销售等各个环节开展创新。发挥企业供应链优势，纵向围绕产业链条向上游的饲料、疫苗等延伸，横向往多品种发展，并跨行业发展金融、文化、旅游等。

（3）利用生态与文化特色资源，建设成区域中独具魅力的宜居县城

保持生态环境的可持续能力和文化资源多样性，建设"家园镇"，[1]以宜居性作为县城在城市群中吸引人口和企业的关键竞争优势。

营造地方场所感，形成地域发展的特色，如使本地历史、文化景观或区域文化景观得到充分体现。

形成具有品质的公共空间系统，创造方便的户外活动和人与人交流的通廊与空间。

精心营造城镇的物质肌理，包括保护历史空间、改善步行系统、形成有更多树木的绿色开敞空间，并与区域的山水特征相结合，使县城成为"望得见山、看得见水、记得住乡愁"的地方。

案例：西雅图派克市场——多样功能与传统特色活动，形成文化延续性

派克市场位于美国华盛顿州西雅图滨海地区，始建于1907年。曾在1963年被提议以摩天大楼取代，1971年由西雅图选民通过"保持市场"提案，市场得到保留。如今，保留下来并经过翻新和扩建的派克市场以多样的功能，以及传统的特色活动，成为西雅图的生活中心和重要旅游景点。派克市场闻名世界还因为有以下几个特色：

飞鱼表演。顾客买鱼之后，员工会把挑好的鱼扔到柜台，柜台员工徒手抓住大鱼。

1 "家园镇"与"克隆镇"："家园镇"指在城镇发展过程中仍保留地方文化特色的小镇。如英国肯特郡的威兹特博，因牡蛎节和兴旺的饮食文化而出名，并且拥有艺术社区和大量的独立商店。更多的零售商出售食物、五金和其他日常用品。
"克隆镇"是指在全球化背景下失去地方特色、与其他城镇同质化发展的小镇。如英格兰温彻斯特在20世纪50—60年代，镇中心经历了两次更新，全国性零售连锁品牌进入。2005年为了吸引购物者，主街进行步行化改造，但有特色的商店几乎消失了。

资料来源：保罗·L·诺克斯、海克·迈耶：《小城镇的可持续性：经济、社会和环境创新》，易晓峰、苏燕羚译，中国建筑工业出版社，2018，第16页、第19页。

街头艺人。布鲁斯四重奏与训猫表演在这里和谐共生，变幻出多彩的西雅图生活方式。

全球第一家星巴克。这家店于 1971 年开门营业，是唯一一家保留原始标志的星巴克。

促进生态友好的行为（推广堆肥等），投资可再生能源系统和环境敏感型设施（如绿色能源设施、建设生态友好学校、推广绿色公交等）。

在发展的过程中，以"以人为本"为理念，需常常满足本地人以及新来者和游客的需求。

（4）县城也能成为枢纽，增强对资本的吸引能力

加强城镇内部交通网络与区域高快速公共交通网络的对接，提高城镇地区对区域流动资源的接纳和可达性。

案例：高铁站点等交通枢纽对中小城市带动作用显著[1]

从武广高铁沿线地区的实例来看，高铁站点对沿线小城市人口集聚能力和消费能力有促进作用，高铁站具有催生新的区域节点城市的可能性。

高铁站点对中小城市带动作用显著：中段株洲、郴州、衡阳，北段的赤壁市、汨罗市的社会消费品零售总额均出现快速增长。株洲、郴州、岳阳等次中心城市人口增长明显。

高铁站点强化中小城市与区域联系：南段清远市借助高铁，强化了与珠三角地区的联系，成为广东省社会消费品总额增长最快的城市。

讨论：高铁站点开发的对与错

在实际建设中，并不是所有的高铁站点都能够形成高强度复合开发的"高铁新城"。一方面，在县城的高铁站，起到了加强地方与区域中心城市有效连接的作用，能够为具有旅游、产业、文化等发展资源的县城带来人流、客流、技术、信息的支撑。但另一方面，如果高铁站建设距离老城区较远，而县城没有把发展扩展到高铁站点的发展能级，此时盲目规划发展高铁新城，则是对城市发展资源的一种耗费。因各种原因造成高铁站选址与城区较远的情况发生时，作为承载人流、客流快速集散功能的载体，高铁站应形成与老城区便捷快速的道路和公交联系，以此提升高铁站对主城区发展的带动作用。

1 资料来源：刘剑、孙华灿：《我国高速铁路影响效应实证研究——兼析长三角与武广沿线地区的差异》，《城市规划》2015 年第 7 期。

抓住高铁站、货运铁路站、区际公交站等交通枢纽的建设机遇，在枢纽片区发展专业市场、商贸服务设施、特色集市、商业街等，承载客流、物流、信息流的汇合，带动地区的发展。

建立地方比较优势，发展专业化的产业集群，与专业市场形成配合，融入区域整体的生产供应链体系。

3.2 合理布局生产空间：让该干什么的地方干什么

城市群中的各个城市适合发展什么产业，需要遵循一些原则。充分考量自己在区域与城市群中的地位以及和其他城市的关系，合理布局产业，是尊重城市发展规律的基础。

3.2.1 以主体功能区划为原则，让该干什么的地方干什么

在城市群内依据不同地区的发展基础、发展潜力和资源环境承载能力等要素，按照"宜工则工、宜农则农、宜城则城"的原则，将区域划分为具有不同主体功能的地域空间单元。每个城市应依据主体功能确定的优化开发、重点开发、限制开发和禁止开发的区划，确定各自专业化方向，在区域中承担不同的责任。

结合主体功能区划，按开发内容将城市群内不同地区划分为：
重点城市化地区：以优化公共服务、提升人民群众生活品质为基本出发点，以提供综合性的城市服务产品和工业成品为主体功能。

重点工业化地区：侧重以地区自身优势为基础，利用区域间产业转移的机遇，以进行工业开发与生产为主体功能。

特色农业地区：发挥地区特色农业生产优势，以提供特色农产品为主体功能，并进行适当的以农业、资源为核心的旅游开发。

生态地区：以提供生态产品为主体功能，并进行适当的林业资源开发，强调生态环境保护与林业开发相协调。

3.2.2　促进城市群内各城市之间功能互补

（1）强化各城市功能互补，构建经济一体化的区域

根据城市群内不同城市的发展基础与发展阶段，确定每个城市在城市群中的功能定位。

中心城区：主要布局行政管理功能和高端生产性服务业，如信息咨询、金融商务、文化创意等。制造业功能转向制造业服务，中心城区服务功能可以服务整个城市群的城市。

中心城市外围地区城市：主要布局专业化服务功能，如管理、交通枢纽、科研开发和教育以及居住功能等服务型功能和高科技制造功能，突出批发零售业与都市型的制造业。

更外围地区的城市：主要布局以制造业为主的生产型城市功能，如食品、机械制造、材料等行业门类，这些城市的生产制造功能是整个城市群服务业发展的基础。

城市群内各城市之间产业既有分工又有关联，在共同市场的基础上，减轻区域经济内耗，促进地区之间的商品流通与交换，加速区域经济一体化的进程，提升整体的竞争优势。

（2）跨界建立产业转移园，促进各类城市均衡发展

统筹整合城市群内新区、园区等各类平台，支持建设一体化发展和承接产业转移示范区，借助互联网和高铁等现代化手段，建立联合招商、共同开发、利税共享的产业合作发展机制，[1] 推动城市间产业分工与整合、园区共建，形成优势互补、密切协作的区域协同发展新格局。

3.2.3　遵循集中与分散相结合原则，跨区域培育创新产业集群

在区域中对产业园区进行统一规划，促进优势产业相对集中，形成产业专业化园区。吸引具有产前联系、产后联系和旁侧联系的企业集聚，形成产业集群，共享基础设施、原料、能源、消费市场、劳动力、信息、资本市场、技术等资源。跨区域培育产业集群，形成产业有关联的相对分散，有利于产业在区域中均衡布局。

（1）构建跨区域产业集群，促进城市之间产业分工协作

促使城市群内若干产业环节（原材料供应商、生产商、分销商、零售商以及最终消费者）在区域之间形成具有一定技术经济关联的产

专栏：建设创新型产业集群的四个要素 [2]

第一，培育大批不断开展创新活动的创新型企业、人才和相关支撑机构。企业包括供应商、用户企业、竞争企业和关联企业等。

第二，建立以创新型产业为主导的产业体系。创新型产业既包括知识和技术含量高的战略性新兴产业，也包括正在转型升级的传统产业，还包括那些不断创造新产品、新品牌、新渠道、新商业模式的产业。

第三，构建创新组织网络体系和商业模式，吸引较多较好的高等院校、科研机构、行业组织（协会和商会等）、中介机构（律师、会计、资产评估等）、金融机构、公共服务机构（政府和事业单位）、市场组织（要素市场）和技术基础设施（通信等）等在产业集群内部及周边地区形成集聚。

第四，把制度建设放在首位，营造有利于企业创新的制度和文化环境，包括鼓励企业创新的法律和政策环境，鼓励创新、相互学习、容忍失败的文化氛围，致力于创业和创新的企业家精神等。

---

1 深汕特别合作区利益分配机制。税收：扣除省按体制规定的获益部分后，深圳市、汕尾市、合作区按 25%、25% 和 50% 的比例分成。GDP：按照深圳占 70%、汕尾占 30% 计算。

2 何云景、晋民杰、李才超：《河南"长垣模式"的探秘与发展研究——基于支持理论的视角》，《科学决策》2013 年第 6 期。

案例：珠三角城市群专业分工体系——形成多个专业镇和优势产业集群

改革开放以来，珠三角各城市、镇街通过提升自身公共服务配套以及土地供给等方面的条件，增强自身吸引外来资本的竞争力。在这个背景下，逐步形成多个专业镇，并在区域内形成专业分工。

从专业镇分布图可看出（图3-5），珠三角东岸形成电子信息产业集群，西岸形成金属制品产业集群、电气机械及器材产业集群；纺织服装、交通运输（含汽车）产业则在城市群内部形成多处集聚。

从制造业行业森林图可看出（图3-6），珠三角的产业集群中集聚着大量中间产品和零部件制造生产商，这些中小企业为珠三角电子信息、装备制造、机器人等产业提供必不可少的中间部件和零部件，是区域经济活力的重要因素。

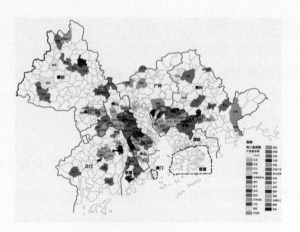

图 3-5　珠三角专业镇 2013 年

图片来源：作者自绘

图 3-6　珠三角制造业行业森林图

图片来源：作者自绘

业集群，各个地区建设与跨区域产业链环节中对应的空间节点，产业集群将不同地区集合成为一个联系紧密的城市群，同时又能促进各个地区专业化分工。

（2）利用产业链优势，发展创新产业集群，做"隐形冠军"

产业链中不乏隐形冠军企业，专业领域强而产业类型多样化，它们多是中间品制造商，在产业链中起到了"承上启下"的作用。政府应通过组织研讨会、博览会等活动，助力个体企业扩大知名度，打造"隐形冠军企业群"，提升区域整体竞争力。

案例：佛山市南海区"隐形冠军"集群[1]

佛山市南海区组建全国首个"隐形冠军"联盟，这些企业均具有全球领先的市场份额，多年来专注某个狭小领域，研究与开发（Research and Development，简称 R&D）投入占比都在 5% 以上。南海众多"隐形冠军"企业在其各自的市场占有率第一，列举如下：

伊戈尔电气：中小功率发光二极管（Light Emitting Diode，简称 LED）驱动电源全国综合排名第一。宝索机械：中国有芯/无芯集成复卷生产线市场占有率第一（超过 50%）。伟邦电子科技：中国高端"电梯人机交互及多媒体液晶显示"市场份额第一企业（超过 30%）。瑞洲科技：中国柔性材料切割设备销量市场占有率第一企业。星联精密机械：中国饮料包装桼对苯二甲酸乙二醇酯（简称 PET）细分领域高端市场第一。佳科风机：中国轨道交通空调风机市场占有率第一企业。承安铜业：多年专注一颗磷铜球，全球市场占有率 34%。奔达模具：低调耕耘汽车铝合金轮毂模具 20 余年，占据全国细分市场 60% 份额。中研非晶科技：全球最大的磁性器材及元器件生产商，中国光伏发电滤波用纳米晶材料市场占有率第一。一方制药：扎根南海 25 年，只专注做中药配方颗粒制剂，已占据全国该行业 30% 的市场份额。

3.2.4 各城市产业布局与本地特色相结合，形成差异化发展

城市群中各城市产业布局要和本地特色相结合，本地特色包括矿产资源、农业资源、文化资源、人力资本等。在拥有矿产资源优势的地区，发展采掘业和矿产加工产业；在地势平坦、土壤肥沃、气候适宜的地区，发

1 隐形冠军：1986 年，德国管理学家赫尔曼·西蒙首次提出"隐形冠军"概念，有三条标准：它是同行业世界前三或者所在大洲第一名的企业，是市场上的领先者；它的年收入少于 50 亿欧元，从全球的维度看，它是一个中型企业，因为世界 500 强企业最低的年收入是 250 亿美元，50 亿欧元仅为它的五分之一；这些隐形冠军并不被大众所熟知。
（关于隐形冠军的标准数据，赫尔曼·西蒙每隔一段时间都会调整）

展种养殖业和农产品加工业；在历史文化资源丰富的地区，发展文化创意产业及旅游业；在技术和人才具有比较优势的地区，发展高新技术产业。

对于旅游城市、资源型城市、重工业城市、农业型城市，在打造城市特色产业的同时，应重视制造业的基础性作用，将实体经济作为城市长期的发展动力。

传统优势产业对城市发展起到基础性作用。在进行城市产业转型升级时，应对现有传统优势产业进行升级基础上，选择与原有产业相关的新产业或新产业形态。新产业与本地原有产业之间相互促进，从而实现产业结构转化。基于传统优势产业选择新兴产业，也有利于避免各个城市产业升级同质化。[1]

1 很多地方视传统产业为畏途，都将高新产业列为未来发展重点，欲以新兴产业破局。如果各地都以新兴产业为突围之路，新兴产业的竞争很快将从蓝海变为红海。

2 金利霞、李郇、刘炜：《基于全球价值链的顺德产业升级路径和高端化策略分析》，《热带地理》2010年第3期。

专栏：如何促进城市产业升级？[2]

产业升级具有三种路径（图3-7）。一般鼓励城市选择第三种路径。

（1）**第一种路径：升级原有产业。**一个成熟的产业集群是由多个技术层次的企业组合而成。升级策略包括：①引入新设备和新的生产线，重新组织生产体系，实现工艺流程升级，如在汽车组装过程中引入工业机器人。②引进和研发新技术、新产业，实现生产低端产品转变为生产低、中、高端产品的组合，如家电向智慧家居产品升级。③利用现有的产业资源和规模经济，向高端领域和产业链高端环节延伸，如从制造业向相关工业设计、研发孵化环节延伸。

（2）**第二种路径：发展新兴产业。**产业升级的目的是由劳动密集型向资本密集型、技术密集型和知识密集型产业转化。可通过以下措施实现：①直接引入发达地区的高端企业及其先进技术和管理理念、组织形式，用较少的时间和成本实现产业跨越式发展，并有效带动本地区相关制造业和高端服务业的发展。②培育以知识经济和循环经济为特征的新产业、新经济，将高新技术产业和现代服务业作为增量升级的主导方向，实现产业竞争力的高端化。

（3）**第三种路径："原有产业＋新兴产业"相结合。**"原有产业升级"和"新兴产业发展"相结合。引入与原有产业相关的新产业或新业态，转变原有产业升级路径，实现更快更高质量的产业结构转化。①对原有产业重点是将产业做强做大，大力扶持骨干企业。②对新兴产业，侧重于投资引导，强化产业内部联系，推动专业化分工和产业配套，促进产业集聚。

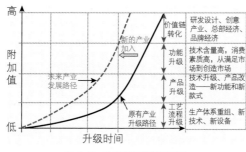

图3-7 产业升级路径示意图

3.2.5 各城市产业布局与区域资源环境相匹配

充分考虑资源与生态环境的承载能力，合理控制产业规模。制造业布局要注意保护区域水源，严禁排放有毒物质和"三废"较多的企业布局在城市群的水源地或河流上游；要注意风向，排放大量烟尘和有害气体的企业不应布局在生活区和工矿区的上风地带；要防止对农业生产的污染，要尽量少占农田。

3.3 构建"快慢结合"的交通与土地区域开发模式[1]

3.3.1 建设"两快"交通体系，形成区域与城市群的基本骨架，打造一小时通勤圈

（1）打造轨道上的城市群，构建分圈层的轨道交通网络体系

第一圈层（半径40km以内）：以地铁为主的轨道交通联系城市中心区和周边新市镇。

1 快：此处指快速轨道交通和快速道路交通。
慢：此处指城市慢行系统和区域绿道网络。

第二圈层（半径 40~80km）：以城际轨道为主的轨道联系城市群内各个城市。

第三圈层（半径 80km 以上）：以高铁为主的轨道联系各个城市群。

加快运量大、速度快、能效高、排放低的轨道交通建设，使之成为城市群的骨干客运方式（图 3-8~图 3-14）。统筹布局城市群城际铁路线路和站点，推动大城市、中小城市、小城镇等轨道交通有效衔接，促进城市群内大城市轨道交通适当向周边城市（镇）延伸。

案例：粤港澳大湾区三个层次快速轨道交通体系

珠三角就业人口密度
- 1 ~ 1000
- 1001 ~ 5000
- 5001 ~ 10000
- 10001 ~ 50000
- 50001 ~ 300000

图 3-8　轨道站点 15 分钟车程覆盖 90% 就业人口

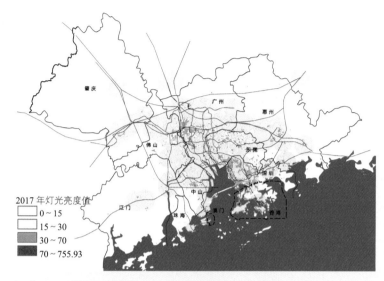

图 3-9　轨道站点 15 分钟车程覆盖 91% 人口活跃区域

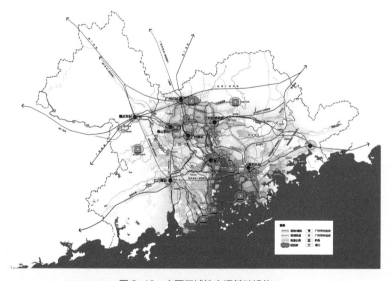

图 3-10　主要区域性交通基础设施

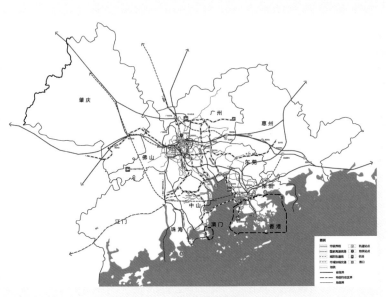

图 3-11　快速轨道网络体系

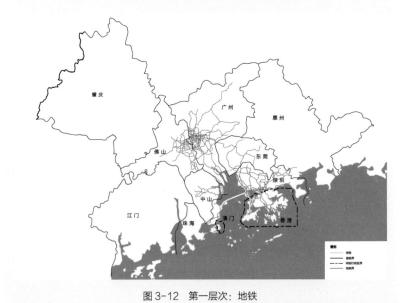

图 3-12　第一层次：地铁

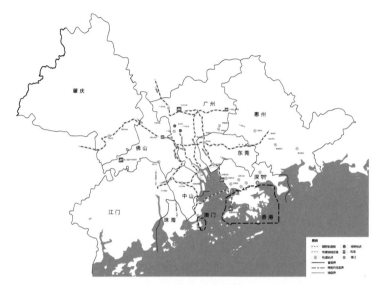

图 3-13 第二层次：城际轨道

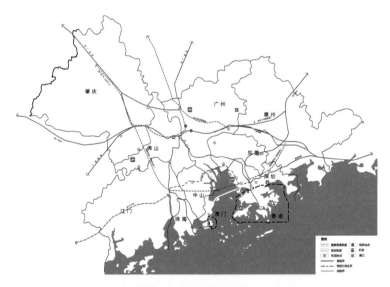

图 3-14 第三层次：高铁

以上案例图片来源：作者自绘

（2）建设通畅的城市群公路网，形成广覆盖、互联互通的高速公路网络

增加城市间公路通道，密切城际公路联系，畅通交界地区公路联系，加快构建高速公路、国省干线、县乡公路等城市群多层次公路网。支持毗邻城市（镇）开通城际公交，加快推动近郊班线公交化。优化交界地区公交线网，促进与市域公交网络快速接驳。

加强高速公路和铁路站、机场、港口的连接性，发展"空铁港公"多式联运和"一单制"联运服务，促进高速公路沿线地带、临海港口地带、航空港地带的物流业发展，支持城市间合作共建物流枢纽。

3.3.2　共同建设区域绿道网络

绿道是一种线性开放空间，包含步道与自行车道。区域绿道连接城市与城市、城市与乡村、城市与自然，使开放空间形成一个网络，供步行和其他形式的休闲娱乐使用，也为提高景观的观赏性、享受农村的环境和文化遗产提供方便条件。

（1）绿道建设要点

顺应自然肌理，畅通生态廊道。尊重水网、山体的自然本底，充分利用地形、植被、水系等自然资源，结合市域生态廊道、生态隔离绿地、环城绿带和农田林网等构建区域绿道，[1] 从而构建和维护完整、安全的区域生态格局。

串联自然与文化节点，体现特色和底蕴。利用绿道组织串联自然保护区、风景名胜区、旅游度假区、森林公园、郊野公园以及人文遗迹、历史村落、传统街区等自然、文化节点，发动居民共同发掘并展示本地具代表性的特色自然与文化资源，共建共享绿道网络。[2]

契合城乡布局，引导共同建设。绿道要契合城市群的空间结构与

1　福建省住房和城乡建设厅：《福建省绿道规划建设导则》，2012 年 5 月。

2　同上。

功能拓展方向，有效发挥绿道在城市之间、城乡之间，以及城市不同功能组团之间的连通作用，推动城市群内各个城市共同建设区域绿道网络。

利用交通廊道，集约利用土地。绿道布局要尽量避免开挖、拆迁、征地，应充分利用现有的废弃铁路、村道、田间道路、景区游道等路径，在保障绿道使用者安全的前提下，集约利用土地，降低建设成本。

衔接区域绿道与慢行系统，倡导绿色生活。市域绿道要与区域绿道及相邻城市绿道同步对接，并重点向中心商业区、居住社区、公共交通枢纽以及大型文娱体育区等人流密集的重要节点延伸，与慢行系统共同构成连续、完整的绿道生活网络。

构建更连续、更便捷的"最后一公里"。利用绿道（自行车道）网络打通公共出行"最后一公里"，保障绿道成网成片，提供时空连续的通道。持续完善绿道服务设施，鼓励应用互联网、物联网、人工智能等技术手段提升设施服务能力，促进自行车停放设施与轨道／公交站点、大型公建区、居住区等的一体化规划建设。[1]

1 《3 年新建 1000km 自行车道》，《深圳特区报》2018年 5 月 17 日第 3 版。

（2）选择合适的绿道建设模式，强化区域绿道衔接

不同类型的城市根据区位条件、地理条件等因素选择恰当的绿道建设模式，并通过区域绿道衔接共建区域生态廊道与网络（图 3-15~图 3-18）。

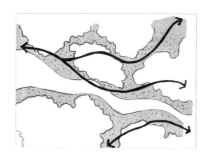

图 3-15　滨水地段绿道建设指引

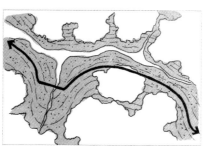

图 3-16　山林地段绿道建设指引

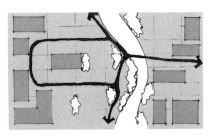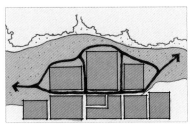

图 3-17　乡村田野地段绿道建设指引　　　　图 3-18　城市地段绿道建设指引

图片来源：广东省住房和城乡建设厅：《广东省城市绿道规划设计指引》（粤建规函〔2011〕460号）

3.3.3　借鉴香港新市镇发展经验

自 1973 年开始，香港政府借助轨道建设带动庞大的新市镇组群，发展包括沙田、大埔、元朗和屯门等 9 个新市镇，以适应人口日益增长的需求。目前新市镇整体人口约 310 万，消化了香港近 30 年来新增的几乎所有人口。新市镇计划从住房、交通和就业等多方面进行规划，致力于建设职住平衡的均衡社区，改善城市群的人地关系。

（1）建设以包容性住房为主导的良好居住社区

新市镇计划围绕轨道交通站点建设高密度包容性社区，包括廉租房、安居房等，对包容性住房的建筑面积、户数、人口比例等予以限定（表 3-1），让低收入人群能便利地使用轨道交通。与此同时，站点之外规划建设商品房和高档住区，城郊乡村则保留村民日常生活空间，包括村庄核心区、历史建筑、宗教建筑等。

（2）形成以轨道站点为核心、具有完善服务设施的生活圈

将市镇中心与轨道站、公交换乘站和商业中心紧密联系，围绕轨道站点规划政府机构、教育医疗机构、商业服务设施、社区活动设施、休闲娱乐设施、交通设施，为居民生活、工作、休闲、出行提供多元化服务（表 3-2）。

香港特区新市镇人口不同住房比例 表 3-1

按照房屋类别划分的人口百分比（%）	沙田	大埔	元朗	屯门
私人永久性房屋	36	44	45	27
公共住宅楼宇	61	53	53	70
乡村屋宇	—	—	2	3
其他	3	3	—	—
合计	100	100	100	100

香港特区新市镇用地类型比例 表 3-2

用地类型比例（%）	沙田	元朗	屯门
商业	1	2	1
商业/住宅	16	28	16
住宅	14	18	24
乡村式发展	7	0	0
政府、机构或社区管理机构	29	17	21
工业	4	11	8
休憩及康乐	6	5	4
道路及九铁	14	11	12
其他	9	8	14
合计	100	100	100

　　制定节点开发的设计标准和准则，提出居住密度、社区设施、康乐及休憩用地、工业、零售设施、内部运输设施、环境、自然保护等设施用地、数量、规模等要求。强调就业和社区服务，住宅和住宅与商业用地之比占总用地比例不超过 50%。

（3）明确功能定位，集聚产业和企业以提供充分的就业机会，避免小城镇成为城市群"卧城"

香港特区新市镇具有明确的功能定位（表3-3）。①形成以工业和物流仓储为主导产业的区域性小城镇，产业分布在外围地区，并与居住空间具有隔离绿带，避免像荃湾、屯门一样工业、居住用地混杂，生产性交通影响生活交通。②形成以商业为主导的区域性小城镇，依托轨道站点建设商业综合体。③形成创新创业为主导的区域性小城镇，以创新服务平台为核心，以"一栋楼就是一个创新社区"为理念，围绕轨道站点设立垂直混合功能的孵化器、办公楼，吸引创业者、中小企业集聚，形成混合的产业社区。④形成科研型区域性小城镇，依托高等院校、研发机构等创新要素，结合良好的山水空间，形成低密度的办公和居住空间，吸引科研人员集聚。⑤形成农、文、旅结合的区域性小城镇，结合地区良好的生态环境、乡村文化、农业资源，以农业和旅游业吸纳就业。

香港特区新市镇功能定位　　表 3-3

名称	功能定位
荃湾	商业、制造业、货柜码头与仓储运输
沙田	工业
屯门	商业、货柜码头与仓储运输
大埔	制造业、科学园区
粉岭/上水	——
元朗	商业、小型制造业
天水围	——
将军澳	高科技工业园区
东浦	临空型产业、机场配套服务业、物流园区

资料来源：根据香港特区规划署资料绘制

1　Peter Hills and Anthony G.O. Yeh., "New Town Developments in Hong Kong," *Built Environment* 9, no.3/4(1983):266-277.

2　王思齐：《交通需求管理的理论剖析及应用——以香港红磡为例》，《上海城市规划》2016年第1期。

专栏：香港特区新市镇建设原则及演变 [1,2]

为应对香港特区人口增长，分散集聚在港岛等市区人口压力，改善香港特区居住环境，香港特区从20世纪70年代开始规划了三代新市镇（图3-19）。

香港特区人口由市区迁至新市镇。1966—2006 年，市区人口占比从超过 80%
降低至 50% 不到，新市镇所在的新界人口从 15% 上升至超过 50%（表 3-4）。
新市镇建设有两大原则：

自给自足：指一个新市镇在房屋、就业、教育、康乐及其他社区设施方
面均能满足其居民的基本需要，降低其对旧社区中心的依赖及就业的压力。

均衡发展：指所建立的社区应该是由一个具备各种社会经济背景和技能
的人士构成的和谐社会。

香港新市镇发展演变阶段   表 3-4

类别	第一代新市镇 （20 世纪 70 年代初）	第二代新市镇 （20 世纪 70 年代末）	第三代新市镇 （20 世纪 80 年代末 ~20 世纪 90 年代初）
新市镇	荃湾、屯门、沙田	元朗、大埔、 粉岭 / 上水	将军澳、天水围、 马鞍山、东浦
居住	公屋占比高于 60%	公屋占比 25%~50%	公屋占比 25%~50%
就业	以工业、 仓储物流为主	以工业、 新兴技术产业为主	以商业、 新兴技术产业为主

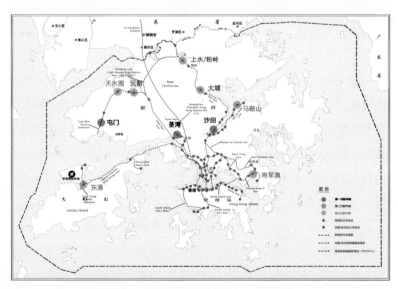

图 3-19　香港特区新市镇和港铁分布示意图

图片来源：Planning Department "Planning and Urban Design for a Liveable High-Density City".
Hong Kong 2030+，2016

3.4 共建共治共享区域与城市群的绿水青山

在绿色发展新理念与新模式中，绿水青山的生态环境是区域与城市群面向未来的核心竞争力，是影响区域与城市群宜居、宜业、宜商的关键因素。从这个角度讲，绿水青山不仅是生产力，更是吸引力和创造力，是区域经济发展和社会进步的内生动力。建设绿水青山能帮助城市群内的城市吸引高水平的人才与高质量的商业投资落户，助力区域产业结构调整、发展方式转变，形成持续发展后劲。如何共建共治共享城市群的绿水青山，可以从以下几个方面着手开展。

3.4.1 共建共治区域绿心，共享城市群的生态基底

（1）绿心是位于城市中央或由城市群围合的绿色空间

绿心是城市或城市群中的重要生态空间，是改善城市生态环境，促进可持续发展的保障地区。建设城市绿心，可以有效整合城市资源，遏制城市蔓延。

区别于城市中的公园等生态意义上的"斑块"，绿心需具备一定的空间规模，拥有相对完整的植物群落，具备生物多样性的基本条件。[1]用地类型包括林地、绿地、农业用地、动植物保护地、湿地和其他类型用地等。从国内外的典型案例来看，大多数绿心的面积在 50~60km²，一些规模较大的绿心面积达到了 100 多平方千米，甚至大于 500km²，如兰斯塔德绿心面积达到 1500km²。[2]

绿心往往位于城市内部的几何中心位置或者位于城市群多个城市之间，具备非常好的区位条件，因此绿心往往也是最容易受到城市建设蚕食的地区，是利益矛盾最突出的地区。[3]

绿心的空间结构模式大致有两种类型：其一是区域内被城市围绕

1 张清华：《城市绿心地区的保护与利用模式初探——以长株潭城市群绿心规划为例》，《城市发展研究——2009 城市发展与规划国际论坛论文集》，2009年第 4 期。

2 同上。

3 同上。

称为"绿心"（green heart）的大面积农业地区，形成由大、中、小城镇构成的城镇群，以荷兰的兰斯塔德地区为代表。这一模式下，绿心多位于城市边界地带，尺度较大，有助于疏散大城市人口，保障城市外部良好的生态环境。其二是城市内部形成以绿心为内核向外拓展的空间模式，以我国乐山市为代表。基于自然山水条件，大型绿色空间取代了拥挤密集的中心城区，能够吸引和集聚人流，加强城市功能的聚合度。[1]

（2）共同建设区域绿心

城市群可以利用城市间的大片绿地，协同建立区域绿心。

顺应自然，生态保护为主。绿心内的山地、水域等空间通常是环境敏感地带，江河、溪流、湖泊、池塘、湿地等组成完整的水体系统，与土壤、植被、地形相互联系，对维持整个区域绿心生态系统健康影响重大，因此严格保护绿心是每位城市领导者的共同责任。

适度利用，合理的复合开发很关键。适当发展多种生态复合产业，有效建设公共交通，例如学习兰斯塔德的绿心复合开发，[2]发展生态观光、种植业、文化创意产业等绿色产业。但需要控制和解决好保护与开发的关系，要注意城市空间发展方向，不能过分追求经济发展使绿心受损。

建立环形区域生态绿带是一个好手段。保护区域外围的生态绿地和农业地区，并以生态林地和农业地区为屏障，围绕区域中心城市形成生态隔离缓冲带，以控制城市群低效蔓延扩张，提高城市群的生态宜居性与舒适度。

不能只关注绿心单独建设，发散式廊道也很重要。通过河流蓝带、绿道以及生态道路等廊道，加强区域绿心内绿色空间的衔接与联系，构建区域的绿色生态网络，使生态景观保持稳定和延续发展。

1 刘利、王法成：《"绿心环形城市"的源流、发展与演变》，载中国城市规划学会编《生态文明视角下的城乡规划——2008 中国城市规划年会论文集》，2008，第 3 页。

2 兰斯塔德：红线与复合开发。"红线"（城市及其发展区规划边界）与"绿线"（绿色空间规划边界）被引入国家空间规划草案，作为防止城市蔓延和保存空间的基本战略。
绿心并不是一块单纯的绿地，而是内部包含 3 万家企业，用地类型包括公园绿地、园艺温室用地、农业用地、旅游业用地以及一部分居住用地和少量工业用地，用地类型和产业体系非常复合化，不仅让农民从中受益，也可为旅游业等第三产业提供发展机会。

资料来源：郭巍、侯晓蕾：《城市绿心发展及其空间结构模式策略研究》，《中国人口·资源与环境》2010 年第 2 期。

重视区域绿心的边界。绿心与城市的交界地带往往具有特别的边缘效应和价值。绿心面积较大，边界往往越是具有活力，越能够满足人们方便使用，进一步吸引人们进入绿心内部。可以在绿心与城市交接地带设置一定的商业和休闲娱乐活动，绿色穿插其中，逐步渗透。

1　华晨：《兰斯塔德的城市发展和规划》，《城市规划学刊》1996 年第 6 期。

案例：兰斯塔德的"绿心"战略 [1]

1958 年，兰斯塔德在发展纲要中明确将其与周边地区用整体的角度进行规划，保留历史上形成的兰斯塔德多中心的都市区域结构。"绿色缓冲地区"形成城市之间的空间分割，防止城市连成一片（图 3-20）；区域中心的农业用地则形成大面积的绿心开敞地（图 3-21）。城市向都市区域的外围发展，形成分工明确、关联紧密、各具特色的多中心城镇群。

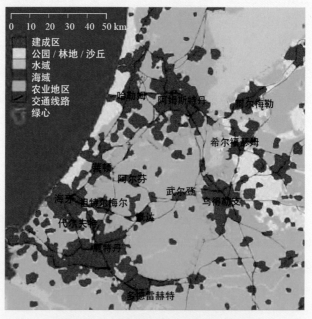

图 3-20　兰斯塔德城市群及其绿地空间示意图

图片来源：张衔春、龙迪、边防，《兰斯塔德"绿心"保护：区域协调建构与空间规划创新》，《国际城市规划》2015 年第 5 期

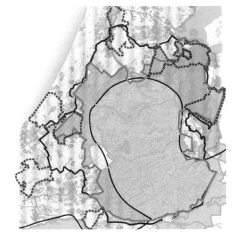

图 3-21　兰斯塔德地区绿心范围变化

图片来源：袁琳：《荷兰兰斯塔德"绿心战略"60 年发展中的争论与共识——兼论对当代中国的启示》，《国际城市规划》2015年第 6 期

━━━ 1958，绿心　　　　　━━━ 1990，首次官方划定绿心范围
▪▪▪▪▪ 1958，缓冲带　　　　▨ 2006，正式划定"国家地景区"（包含绿心）
━━━ 1985，兰斯塔德绿地结构调查范围　┅┅ 2006，绿心范围

从城市市域内部角度来看，在城市用地资源有限的背景下，需要把绿色空间面积的保持以及绿心可达性、使用效率和社会生态效应的提升作为城市建设的重要工作。

严守绿心面积底线至为关键。要以生态保护为根本，划定严格的保护界线，严格控制开发，从而保证绿心的完整性和生态效应。首先要尽可能保持原有绿色边界，保证城市的生态核心。其次，适当设置多样的休闲娱乐设施，以提供多功能的休闲娱乐活动，但一切以保护为主。[1]

增加绿心与城市的可达性。市域内绿心位于城市内部，因此与城市关系密切，与城市中心区更是密不可分。因此，绿心的布局应尽可能与城市肌理相重叠，使市民能够方便快捷地通往并使用绿心空间。除此之外，绿心本身的设计还应当既便于城市交通，又能够保持绿心的完整性。[2]

1　郭巍、侯晓蕾：《城市绿心发展及其空间结构模式策略研究》，《中国人口·资源与环境》2010 年第 2 期。

2　同上。

1　郭巍、侯晓蕾：《城市绿心
发展及其空间结构模式策
略研究》，《中国人口·资
源与环境》2010年第2期。

注重市域内绿心与城市内部及区域的其他绿色空间的相互联系。以城市绿心为中心，建设城市市域内部的绿色廊道，连接城市内部以及城市群的绿色空间，提高绿心在城市发展中的使用效率，形成区域的绿色生态网络。[1]

宣传共建生态廊道、生态屏障等绿心的重要性，提高居民的绿心保护意识。城市政府应通过网络、报纸、电视及广播等多样化的媒介，加大对绿心的宣传力度，培育居民保护绿心的观念；引导市民到绿心地区进行休闲旅游活动，共享绿心，提升居民生活质量及其自觉保护绿心、爱护自然的意识。

3.4.2　共同治理跨界流域大气污染和水污染，推动环境联防联治

共同成立跨界流域管理组织机构，治理跨界流域。加大对城市群水污染等流域治理投入，加快推进截污管网建设、清淤、污水处理厂增容提标等重点工程建设，重点开展跨界流域合作治理的关键项目。

2　钟奇振：《广佛联合治理跨
界河流》，《中国环境报》
2015年8月21日第5版。

3　马俊贤：《佛山主要江河水
质状况优良　广佛跨界河流
水质明显改善》，《广州日
报》2018年12月14日。

案例：广佛跨界流域整治 [2]

　　针对广佛水污染问题，广佛两地政府对症下药，采取一系列流域治理措施。广州市出台了《广州市流溪河流域保护条例》，明确2020年前流溪河流域实现断面优于或达到地表水Ⅲ类水质标准，并停业搬迁企业400多家；对跨界区域16条河涌实行"一涌一策"，开展111个河涌建设项目；加强污水处理设施建设，强化执法监管，全面整治畜禽养殖等污染。佛山则全面实施环保"一岗双责"责任制，对小作坊、企业聚集的村级工业区，推行"一村一策"环境整治。广佛交界区域河涌整治完成投资19.5亿元，建成污水处理厂25家，污水处理能力达128万吨/天，完成配套主干管网建设843km。2017年以来，广佛跨界河流中佛山水道和西南涌部分断面污染指数显著下降，整体水质出现好转。[3]

案例：美国田纳西河流域治理

1933年，美国成立了田纳西河流域管理局，负责领导、组织和管理田纳西河流域的综合开发，形成"流域管理委员会"模式。在这一模式下，跨越多个行政区的河流流域成立共同的管理委员会，委员由流域内联邦政府和各州代表组成。委员会在民主协商的基础上起草《田纳西河流域管理法》（图3-22），作为该流域管理的重要法律依据。

《田纳西河流域管理法》第四部分对管理局的权力和任务有一系列规定：岸线管理、土地管理与规划、洪灾减灾、环境保护。田纳西河流域管理局是现代政府主导流域管理较为成功的案例（图3-23）。

图 3-22 田纳西河流域管理法　　图 3-23 田纳西河流域管理局建设的大坝，1942 年

图片来源：田纳西河流域管理局

3.4.3 共建共享跨域邻避设施，建立协同共治机制

在城市群中合理安排邻避设施[1]意义重大。各城市出于自身利益考虑，通常将邻避设施选址建设在城市边缘。邻避设施的负外部性扩散至其他城市，常常引发跨界地区邻避冲突，如垃圾填埋场、垃圾焚烧厂等邻避设施的建设导致邻近地区的空气污染。如何让没有行政隶属关系的不同城市政府协同治理，是克服邻避冲突的关键。

1 邻避设施
（Not In My Back Yard）：是指带有负外部性效应的公共设施，如变电站、垃圾处理厂、污水处理厂、殡葬设施等。这些设施产生的效用为广大地区的公众所共享，而其带来的诸如大气污染、噪声污染、电磁污染、视觉景观污染之类的负外部性效应却由设施所在地的居民承受。此外，邻避设施大多具有公用性特点，是城市安全稳定运行和可持续发展的重要保障。

资料来源：贺健：《城市邻避设施规划策略研究》，《城乡治理与规划改革——2014 中国城市规划年会论文集（02-城市工程规划），2014 第 6 期。

跨域性邻避设施：虽建设在某一城市行政区划内，但对毗邻城市也造成负外部性的邻避设施，称为跨域性邻避设施。

（1）把跨行政区对话平台建设放在首位

治理协调主体包括建设邻避设施及受影响的多个城市的政府、相关职能部门、城市的上级责任部门，以及市民。建立区域协商制度，处理上下级部门之间、毗邻城市之间、城市政府与市民之间的利益冲突。

建立跨区域联盟，设立跨区域管理机构，在城市群范围内协调统一布局垃圾处理厂、污水及污泥处理处置设施、变电站、危险品仓库等邻避设施。

建立区域协调会议制度，定期召开各城市之间的协调会议，形成城市之间长期的对话机制。

建立政府和市民之间有效、长效的沟通机制，选举市民代表，召开研讨会，邀请第三方进行风险评估，并通过互联网建立沟通交流平台，定期发布项目建设进程。

1 吴济华、柯志昌、叶晋嘉：《区域治理与治理机制探讨——高屏地区个案分析》，《地方自治与民主发展：台湾经验的省思研讨会论文集》，台中：东海大学，2007，第2-6页。

案例：台湾地区建立区域协调制度，为跨域性邻避设施建设创造条件[1]

区域联盟与"区域政府"： 台湾地区划分为八大区，每个区成立"区域政府"，对所在区域的跨界邻避设施进行定位和布局。

市长区域协调会议模式： 台湾地区的高屏、嘉义、台中三地相邻，最初因垃圾处理问题需要跨界协同处理，逐渐形成了定期召开横向政府协商会议的模式。尽管这种合作形式下没有形成直接可见的合作成果，但这种合作机制可以提升整个区域不同城市的合作意识，为后续处理具体的跨界邻避设施创造条件。

（2）建立城市之间邻避设施分工协作机制，实现整体利益最大化

将整体利益作为城市群内不同城市的共同目标。在达成共识的基础上充分利用毗邻城市间利益互补的项目，强化城市之间邻避设施在收集、处理、回收等环节上的分工协作机制，统一要素市场，实现邻避设施共建共享，城市之间形成"双赢"关系。

案例：台北和基隆垃圾处理合作项目——行政契约模式实现利益整合

城市之间利益互补： 1998 年，基隆市第一掩埋场预计将于 2002 年饱和，其焚化厂建筑承包商因财务问题停工，届时可能引起垃圾处理无法顺利衔接的问题。2001 年基隆市环保局主动向台北市环保局提倡以"互惠原则"共同合作处理垃圾。与此同时，台北市相继完成三座垃圾焚化厂改善工程，出台垃圾处理新政策使全市垃圾量逐年下降，垃圾焚化厂每天多出 1800t 空余容量，但垃圾掩埋场出现两年断档，存在着垃圾焚烧处理后无处掩埋的风险。

行政契约实现共赢： 在各有所需利益的基础上，两市共同签订《区域间都市垃圾处理紧急互助协议书》，由台北市代基隆市进行垃圾焚烧，基隆市代台北市掩埋焚烧垃圾产生的底渣，规定两市相互代替处理的垃圾总重量相同（每日 500t）。2003—2005 年，基隆市获取 12~15 万立方米垃圾减积成效，同时为台北市争取 12~15 万立方米掩埋容积，相当于延长台北垃圾卫生掩埋场 2~3 年使用期限，台北市也获取降低垃圾处理成本及代焚化处理发电的经济效益。

政府主导的多方主体参与： 参与协调主体包括两市政府、两市环保局及其共同的上级主管部门——"台湾环保部门"，还包括市议会和市民。"台湾环保部门"作为上级机构，对两市合作履行监管职能，为本项目提供补助资金，并依据法规停止对违约一方发放补助金。

建立区域协商机制： 包括两市环保局部门对话会议、两市市长联席会议、两市之间签订政府间协议。

信息公开： 市政府发放"陪同稽查证"，地方非政府组织和公民可以凭此证一同参与对邻避项目的检查，市政府举行两次办理地方说明会，并委托第三方机构进行安全监测，试烧 10 天，以证明台北市和基隆市的家用垃圾组成比例相近，重金属含量不超标。

进一步推广跨域治理： 基于两市垃圾合作治理的先例，台北市联合周边包括台北、基隆在内的八个县市共同成立了"北台区域发展推动委员会"，以协助区域内各地方推动各项重大计划或跨区域建设设施。

（3）建立跨行政区利益补偿机制，实现区域"成本分担，利益共享"

在跨域性邻避设施建设之前，各城市对邻避项目带来的收益、利益补偿、风险承担、管理措施等内容进行详细约定。

建立横向财税转移支付制度，按照"谁受益，谁补偿"的原则，由邻避设施建立的受益城市向受影响城市提供资金作为财政补偿。

由中央财政、省级财政、受益城市财政三方按比例共同出资，设立跨域性邻避设施建设的共同发展基金，发挥基金对区域内邻避设施建设的保障作用和引导调节作用。

建立跨域性邻避设施重大项目的专门融资平台，如跨界治理发展银行等，提供政策性融资。

3.5 以项目为抓手建立城市群跨界协同发展机制

在区域一体化是当前区域与城市群发展的主流趋势下，城市之间的跨界合作也成为必然。历史经验表明，一个合适的关键项目能够作为城市间协同发展的基础，为跨界的合作提供一个讨论与协商的平台，更容易实现目标和城市群合作战略。因此，以项目作为抓手，建立跨界的协同发展机制，不仅能打破城市群内各城市间由于行政分割带来的保护主义限制，让要素和资源在城市群内自由流动和优化配置，也能让城市得到更大的经济、社会和生态效益，最终形成资源共享、优势互补、共同繁荣发展的整体效应。

3.5.1 首先要形成共识

（1）共识的形成有利于减少分歧，提高效率

接受城市之间协同合作发展也就意味着接受一个这样的观点，即有效解决城市问题是一个极其复杂的任务，任何城市靠它们自身是无法完成的，需要借助其他城市的力量。经验表明，通过区域多个城市的参与形成共有认识和决策目标，能减少城市之间的摩擦和分歧，从而实现区域利益共赢，维持区域稳定发展。

（2）规划与协议有助于构建区域共识

编制区域协同发展规划或工作方案与协议能有效建立区域合作的共识。

城市政府通过规划达成协商一致的共同目标，并与国家和地方层面规划衔接，城市将以此为依据开展建设。但这一规划的编制需要积极争取国家的宏观指导、协调和支持。

签订双方互利互惠基础上的相关工作方案与协议，能从政策层面创造城市之间合作发展的环境，保障多方顺利达成共识。

（3）大事件有利于达成共识

共识往往需要长时间沟通协商才能形成，但有时大事件能促进共识的形成，带来出人意料的效果。城市领导者们越来越认识到，全国乃至全球性的体育赛事或文化活动等大事件能给城市带来有益机会。一个大事件的出现，能让不同城市之间对发展方向形成共同目标，并为之而努力，以便自身享受到这一事件所带来的诸多好处。

（4）上级政府与人大立法机构介入引导共识形成

由于城市之间所持利益不同，在区域协同发展中共识有时候难以形成。此时，上一级政府和人大等机构的介入协调，能引导城市之间对重要建设项目的必要性达成共识。

3.5.2　构建合作渠道很有必要

（1）搭建一座沟通的桥梁有助于合作的开展

在不改变当前城市管理体制前提下，构建政府之间"垂直与水平"的网络关系，成立合作领导小组、市长联席会议[1]、合作区管委会等平台，搭建协商渠道，让城市之间拥有互相沟通、磋商与衔接的平台与规则，定期协商咨询，确保城市之间合作的目标得以实现，合作过程顺利进行。

（2）加强上下衔接，职责任务要分清

渠道的构建需要建立有效的组织架构，合理分工的架构体系能保障合作运行的顺利落实。

明确协同发展中各层级政府与各职能部门的工作权限与职责，强化重要决策部门的权威性，并完善各层级机构对协同发展任务的衔接落实制度。

针对土地利用、区域交通、生态建设等方面形成相对应的工作小组，明确各个协同发展任务的管辖机构，制定相对应的协作原则、协作目标、协作内容和协作机制，并衔接城市群协同发展的总体目标与任务。

（3）成立一个新的公共机构不失为佳策

多个城市政府的下属公司可以采取市场化运作手段，组建服务于城市间公共事务的全新机构组织，代替城市政府处理合作事宜。这一做法既增强了合作项目运作和决策的独立性，又保证了各城市的管理自主权。

> **案例：广佛同城化——广佛地铁**
>
> 广佛地铁的建设和运营管理由第三方"广东广佛轨道交通有限公司"负责。公司有两个股东，即广州市地下铁道公司和佛山市轨道交通发展有限公

1 市长联席会议：广州与佛山共同建立了一个组织层级高于两个市的协调管理机制——《市长联席会议工作协调机制》，建立了由广佛同城四人领导小组、市长联席会议及分管副市长协调会、六人专责小组构成的垂直管理框架。该垂直架构旨在建立上下两级双向互动的沟通协调渠道，从而使同城化治理过程的决策既能满足来自于下级对产业、交通发展等方面的诉求，又能保证上级在宏观大方针方面的监管与实施。前者的诉求又以由广佛两市市长、市委书记组成的四人领导小组的意见统一为基础，后者的实施以六人专责小组对接的部门协调为保障。

资料来源：李郇、吴翊朏、吴蕊彤：《同城化治理研究——以广佛地区为例》，《人文地理》2016年第5期第1-6页。

司，分别代表广州市政府和佛山市政府出资。作为项目建设和运营管理的主体，公司成立后采取市场化运作，只对身为股东的城市政府负责。公司总经理由董事会任命，其余工作人员全部在社会上进行招募。在公司的日常运作中，总经理全权处理公司内部事务。对在建设和运营中因广佛双方利益分配而僵持不下的问题，公司负责牵头召开"协调例会"进行协商，在此过程中，公司总经理有权要求广佛两地主管部门于某期限前必

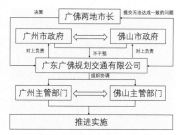

图3-24　广佛地铁线建设管理架构
图片来源：李郇、吴翊朏、吴蕊彤：《同城化治理研究——以广佛地区为例》，《人文地理》2016年第5期

须取得协商一致，达成共识。如果到限期两地主管部门依然无法达成统一意见，则问题交由广佛两市市长决策，但已不是过去惯常的上升到省委省政府拍板的方式（图3-24）。

"广东广佛轨道交通有限公司"是全新公共机构，为项目的实施提供了渠道。组织机构采取市场化的运作，既增加了在运作和决策上的独立性，又没有削弱两个城市的自主权，反而增强了广佛两市对跨界项目治理的能力。

3.5.3　一系列激励是关键

（1）获得收益是激励城市之间合作的主要动力

收益缺失将导致城市之间合作难以进行。区域合作带来诸多收益，往往包含区域分工形成的产业功能互补、规模经济、制度创新、效率提升等。建立一系列激励机制，使城市在协同发展中获得收益，能驱使城市积极、长效地参与协同合作，反之则被"边缘化"而使利益受损。

获得经济效益是城市参与区域合作极为重要的目标。城市领导者应认识到，城市之间协议在产业、区域交通等方面进行深度合作，在发展方向、产业结构等方面协调分工，错位发展，优势互补，能形成不同的利益增长点，自身经济效益得以提高，区域整体经济也实现增长。

1　美国交通基金：交通基金是美国大型基础设施建设的主要资金来源，源于通行费、债券以及州、地方和联邦的各种燃料消费税等。目前，获取和重新分配交通基金由 21 世纪环境公平法案确定。资金在按照法案要求的程序重新拨给州政府前就分派给不同项目。这些项目包括州际交通系统建设和维护项目，桥梁修缮和修复计划，路面交通项目（州交通规划中所计划的扩建资金和保险资金），联邦土地高速公路项目和缓解交通堵塞与改善空气质量的计划等。交通基金的分配在一定程度上成为纽约大都市区区域协调的重要手段，发挥促进区域社会公平与经济协调发展的作用。

资料来源：中山大学城市化研究院：《中国城市群协同机制研究》，2017，第13 页。

2　李郇、吴翊朏、吴蕊彤：《同城化治理研究——以广佛地区为例》，《人文地理》2016 年第 5 期。

（2）区域共同发展基金可以实现利益补偿和共享

区域合作意味着对区域多方利益的协调，总存在利益相对受损者。一个共同发展基金[1]可以用适当的经济补偿来弥补这些受损者，保障合作项目顺利推进。另外，基金可以用资金支持区域发展项目和行动计划，推动大型跨界基建项目的规划建设与区域生态环境的保护。

3.5.4　做好同城化规划

（1）打破行政界限，做好基础设施衔接

全面衔接城市之间的道路、地铁、轨道交通网络，建立城际之间互通互联、共建共享的快速轨道交通体系，加强重点基础设施之间的点对点交通联系。

具体包括：衔接道路线路，避免断头路、断头桥；衔接轨道线路，建立同城化的通勤圈，实现快速接驳，减少通勤时间；建立机场、火车站（高铁站）等重要交通枢纽之间的点对点轨道交通线路，增强枢纽的接驳能力，共享重大基础设施带来的资源福利；强化交通枢纽的带动作用，串联交通枢纽与区域内各片区的交通联系。

（2）重视边界地区建设

开展以企业为主体的边界地区产业合作，实行财政税收、资金

案例：广佛同城化规划——基础设施衔接[2]

广佛两市编制了《广佛同城化发展规划（2009—2020 年）》和城市规划、交通、产业、环保 4 个专项规划，并且对广州南站、花都空港、金沙洲、五沙、芳村与桂城五个重点交界地区的治理进行了规划整合。

广佛同城化规划的实施极大地促进了两地重大基础设施的建设。广佛地铁作为国内第一条由两市投资共建的全地下城际轨道，于 2010 年 11 月正式开通。广州南洲路公交枢纽、佛山南海金融高新区公交客运站建成并投入使用，连接华快三期与佛山一环的市政道也进行了全面升级改造。广佛开通 32 条广佛公交、20 条广佛城巴和 20 条广佛快巴（图 3-25）。

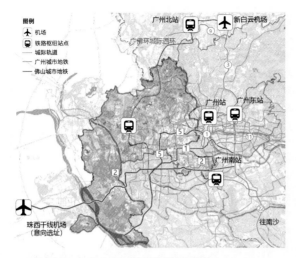

图 3-25 广佛轨道交通衔接

图片来源：广州中大城乡规划设计研究院，广州市城市规划勘测设计研究院：《"全
球创客新都市"战略规划研究》，2017，第 10 页

补贴等优惠政策以及简化的审批制度等，加强边界地区的跨界产业联
系。注重区域内城市的产业外溢效益，从土地空间腾挪、产业优惠政
策制定等多方面，加强边界地区对外溢产业的主动承接，以获取新的
产业发展动力。

具体包括：建立区域机构，缓解不同地方政府管理差异；给予
边界地区发展自主权，培养促进当地企业发展，培育社会—文化凝聚
力；简化跨界手续办理程序，弱化行政壁垒限制；建立一体化的政策
法规体系，形成强有力的行政领导机制。

案例：广佛同城化规划——边界地区规划 [1]

为了构建基于多方主体的共识，五沙地区、新客站周边地区、芳村与桂
城地区、金沙洲地区及花都空港地区等五个跨界地区被确定为广佛同城化规
划的重点片区，并率先编制同城化跨界地区的整合规划。同城化规划作为都
市区治理的平台，注重对规划编制过程中的各种利益相关者的协调，表达各
层次不同利益主体的利益诉求，通过规划过程中的交流和协商解决矛盾和实
现协调。同城化规划的编制过程实际上也是不同利益主体表达利益诉求、寻
求共识的过程。

1 李郇、吴翅翀、吴蕊彤：
《同城化治理研究——以广
佛地区为例》，《人文地理》
2016 年第 5 期。

3.5.5　以项目为主体做建设

（1）以项目制为主要形式开展合作建设

根据区域合作目标，通过自上而下的年度重点工作计划、三年工作规划形成项目库，将各个项目逐一推进建设。每个项目均明确目标任务、进度要求、责任单位、考核标准，使项目的实施作为各级政府及相关责任人政绩考核的一部分，[1] 既能形成行政激励，又能落实合作实施。

（2）交通基础设施是重点项目

桥梁、轨道、站点等大型交通基础设施是推动区域合作的重要基础，有效推动城市之间在重大交通基础设施工程的规划整合，有利于促进要素便捷流动。其中，广佛地铁建设就是最好的例证。

（3）跨界工程设施项目实现区域共同利益

区域共同利益可以驱使城市之间为解决共同的水源、空气等问题开展密切合作。水利、市政等工程设施是城市发展的基本保证，最容易促成区域合作。推动跨界工程项目建设，解决区域共同诉求。广佛西江取水就是典型案例。

（4）大型节庆事件是促发合力的极好项目

日趋激烈的全球竞争背景下，对人、投资具有巨大吸引力的大型节庆事件已被各大城市当作提升竞争力的战略工具。事实上，大型节庆事件可以在提高区域基础设施的服务水平、促进城市间的协同发展、新建大型场馆、提升区域整体形象等方面发挥促进合作的作用。大型节庆事件让区域内各城市放下行政隔阂，共谋合作发展，提高城市群之间的组织能力。无论是区域内的大城市或是小城镇，都能通过区域内的大型节庆事件获得竞争力的提升。广佛海怡大桥就是在亚运会这一大型节庆事件下促成的合作项目实践。[2]

同时，大型节庆事件也可以帮助各城市获得基础设施水平和区域服务能力提升的机会。[3] 承办大型节庆事件不仅给城市确定了较高的

1　李郇、吴翊朏、吴蕊彤：《同城化治理研究——以广佛地区为例》，《人文地理》2016 年第 5 期。

2　海怡大桥是南海、番禺两地联手打造的首个直通陆路连接大桥。亚运会的举办，促使广佛两地市政府认识到"海怡大桥"对于亚运交通工程建设的重要性。因此，广佛两地市政府很快批准了南海、番禺区政府的申请，海怡大桥建设的必要性便在不同层级政府之间首次达成了共识。2009 年 4 月，海怡大桥正式开工建设。

资料来源：吴蕊彤、李郇：《同城化地区的跨界管治研究——以广州—佛山同城化地区为例》，《现代城市研究》2013 年第 2 期。

3　大型节庆事件的五个标准：事件的独特性；需要大量投资；影响城市持续的转变；吸引大量游客；吸引国际媒体报道。

资料来源：易晓峰、廖绮晶：《重大事件：提升城市竞争力的战略工具》，《规划师》2006 年第 7 期。

基础设施水平和配套服务设施的建设标准，也为筹集资金建设区域基础设施提供了一个极佳的"借口"。在财政分权下通过一般的手段和渠道，城市政府很难筹集到大量的建设资金，但是一旦和大型节庆事件捆绑在一起，就可以得到中央政府的批准，有了打破预算约束，筹集大量资金的机会。政府有理由动员一切资源举办该重大事件，实现一些在正常情况下不能够实现的事情，如向省一级政府争取额外的税收返还，或争取比其他城市更多的用地指标、信用贷款和可以批准的投资额度。[1]

1 保继刚、李郇：《"借口"：中国城市资本高度集聚的政治经济学分析框架》，《人文地理》2012年第4期。

例如，广州为举办亚运会，把举办亚运会和城市基础设施建设的步伐结合起来，上报给国家一个"一揽子"计划（表3-5）。在此基础上，政府要完成建设符合申亚条件的44个训练场馆、44个比赛场馆、亚运村，满足各国官员、媒体记者、观众游客的服务设施，以及地铁、城市主干道，飞机场二期工程、新火车站、港口等交通基础设施，完成城市的环境整治工作等。经初步估算，这些投入大概要达到2200亿元。[2]亚运会成为广州破除审批权限、筹集城市建设资金的重大机遇。

2 同上。

广州2010年亚运会"一揽子计划"中城市基础设施建设清单[3] 表3-5

3 同上。

基础设施项目		经费	具体内容
地铁、道路等交通基础设施		732亿元	建设177km地铁线路
			建设洲头咀隧道、黄埔东路、护林路、中山大道快速公交系统（Bus Rapid Transit，简称BRT）试验线、仑头—生物岛隧道、生物岛—大学城隧道等市政道路
环境综合整治		190亿元	市政道路两侧、老城区人居环境、亚运场馆及重点区域周边环境、机场高速公路、空气环境、绿化、绿道建设等整治工程
污水治理与河涌综合整治	中心城区雨污排水系统改造	43.4亿元	完善城乡管网系统
	农村污水治理	5.4亿元	
	中心城区调水补水	27.6亿元	建设中心城区4个调水补水系统工程
	中心城区水浸街治理	9亿元	完成中心城区227处水浸街地段的治理工作
	河涌整治	82.3亿元	中心城区整治66条、整治总长度241km

1　易晓峰、廖绮晶:《重大
事件：提升城市竞争力的
战略工具》,《规划师》
2006 年第 7 期。

专栏：大型节庆事件给城市群发展带来的问题 [1]

大型节庆事件给区域带来合作、合力与机会的同时，也会带来一系列问题：

（1）竞争下的大规模建设带来高额的城市财政压力，易导致高负债

为获取大型节庆事件这一特殊机会，领导者们穷其心力、互相竞争的结果往往是超出城市承受能力开展城市基础建设，以达到举办大型节庆事件的要求。同时，承办重大赛事通常需要较大的场馆建设投入，修建大规模的体育中心、场馆、训练场等基础设备，耗费巨额财政资金，导致城市负债沉重。

（2）节庆事件后场馆空置是个大问题

大型节庆事件后非常规数量的场馆利用和配套设施的赛后管理也是一个难题，处理不妥就会造成巨大浪费，并成为城市公共财政的负担。

历届奥运会奥运村使用基本情况汇总表

表 3-6

届次	时间（年）	地点	赛后利用类型
11	1936	德国（柏林）	军队用房（非新建）
14	1948	伦敦（英国）	学校宿舍与旅馆（非新建）
15	1952	赫尔辛基（芬兰）	市民住宅
16	1956	墨尔本（澳大利亚）	面向低收入的市民住宅
17	1960	罗马（意大利）	市民住宅
18	1964	东京（日本）	军营改建的青年旅馆（已拆除）
19	1968	墨西哥城（墨西哥）	住宅区
20	1972	慕尼黑（联邦德国）	住宅区
21	1976	蒙特利尔（加拿大）	住宅和公寓
22	1980	莫斯科（苏联）	住宅区
23	1984	洛杉矶（美国）	大学宿舍
24	1988	汉城（韩国）	高级住宅区
25	1992	巴塞罗那（西班牙）	高级住宅区
26	1996	亚特兰大（美国）	学生宿舍（非新建）
27	2000	悉尼（澳大利亚）	面向多阶层的住宅区
28	2004	雅典（希腊）	面向低收入家庭的住宅区
29	2008	北京（中国）	高级住宅区

资料来源：李楠:《奥运村的赛后利用研究》,《建筑学报》2005 年第 6 期

因此，采取适当的措施很有必要，以改造代替新建的方式有利于区域长远发展，多功能性场馆建设是一个常见做法。领导者要尽可能以利用或改造现有设施为原则，把大的建设资金投到有利于区域内各城市长远发展的场馆建设等方面。对场馆的设计必须有长远的考虑，应令其在以后的利用中满足城市发展多方面需求，以减少财政负担，增强城市对大型节庆事件风险的管控能力（表3-6）。

总之，并非所有的大型节庆事件都像奥运会这样得到重视，一些节庆事件的举办往往得不偿失。此外，很多城市问题需要通过区域内其他的途径来解决，如提高城市的创新能力很难通过大型节庆事件来达成。最后，大型节庆事件客观上也会给区域内的城市带来各种风险，如财政风险、区域发展不均衡的风险、政治风险等，这些都需要领导者未雨绸缪，力图规避或事前研究对策。

04

衡量区域与城市群竞争力

● 本章在国际和国家两个尺度，综合和分项两个维度，介绍了衡量区域与城市群竞争力的指标体系。

● 从内生增长的资本系统、协调发展的区域布局、互联互通的支撑体系和共建共享的组织机制切入，提出了一组供城市领导者参考的指标。

4.1　竞争力衡量的重要性

4.1.1　竞争力的衡量是一个科学问题

竞争力的衡量不应像测度某种技术的先进水平一样简单处理，更不能把竞争力简单地当作一种评比，比较分析出不同城市群竞争力的优劣。但值得明确的是，如果区域与城市群竞争力无法采用一定方法进行衡量，那么这种竞争力将可能过于空泛而难以指导实践。因此，区域与城市群是否具有竞争力，必须从绿色发展角度建立一套科学而严谨的指标体系加以衡量。

从企业竞争力到国家竞争力，对竞争力的测度一直是世界主要机构和组织的研究内容。20 世纪 90 年代，欧盟成立欧洲竞争力委员会，美国成立政府竞争力政策委员会。英国劳工部、世界银行等政府和国际机构都成立了专门的竞争力评估机构。这些机构的主要任务是通过提出一系列指标体系，定期对其所关注的地区竞争力进行评估，并根据评估结果进行制度设计和提出政策建议。

4.1.2　经济是竞争力衡量的主要指标

早期对于竞争力的衡量来源于企业与国家在经济竞争力的测度。无论是波特基于国家竞争力的钻石模型（表 4-1），抑或是全球知名研究机构瑞士洛桑国际管理学院（International Institute for Management Development，简称 IMD）的世界竞争力指标（表 4-2），都是专注于经济效率和经济增长的测度衡量。

目前广泛开展的是对城市竞争力的衡量，主要体现了行政区竞争模式。在传统的以外部因素作为城市发展动力的营销模式下，不难理解用城市发展的绩效衡量城市竞争力的做法。这些城市竞争力衡量的指标体系往往注重经济要素，以城市在区域中的经济指标排名作为衡量城市竞争力高低的主要标准，反映了城市过往竞争或营销的结果。

波特以国家竞争力为基础的微观经济竞争力指数：46 个指标   表 4-1

企业经营与战略（8 项）	微观经济环境（38 项）			
	反映物质环境（25项）	反映需求环境（3项）	反映国内供应环境（2项）	反映企业战略与竞争环境（8项）
竞争优势、价值链特性、国际营销渠道、国际名牌、创新能力、区域贸易、员工培训、国际经营战略	物质基础设施、管理基础设施、信息基础设施、人力资本、科学技术等	顾客偏好、需求规范、公共部门合约开放程度	供应商的数量和质量、相关支持产业状况	知识产权保护、行贿受贿程度、对外投资开放程度、国内主要竞争者、关税等进口限制程度、隐蔽进口程度、国内竞争强度、反垄断政策的有效性

资料来源：1988 年世界经济论坛（简称 WEF）《全球竞争力报告》，适用于城市竞争力评价

IMD 世界竞争力年鉴：314 个指标   表 4-2

经济运行状态	政府工作效率	商务活动效率	基础设施状况
经济宏观评估、国际贸易、国际投资就业和物价等 77 个指标	公共财政状况、政府财政政策、社会制度框架等 73 个指标	企业创新活动、劳动力市场、金融市场、商务管理态势和管理效益等 69 个指标	基本的人力资源、科技领域的基本投入、卫生设施、教育设施和环境保护设施等 95 个指标

资料来源：瑞士洛桑国际管理学院《世界竞争力年鉴》，以 2007 年指标为例

到了 21 世纪，仍有诸多研究机构与学者从经济效率等角度出发来衡量城市竞争力，难以从增长的框架中跳出。但现阶段，越来越多的研究从可持续增长和区域发展的角度对竞争力进行多维度的衡量。借鉴多维评估指标，我们从绿色发展的角度对区域与城市群竞争力建立一套衡量标准。

4.2 各项竞争力的衡量指标体系

当前对绿色发展竞争力的衡量大多是从可持续发展的角度进行测度与评估，且大多是对城市层面的竞争力评估。世界银行、联合国人居署、经济合作与发展组织，以及环境科学委员会等全球性的研究机构与政府部门都发布了相关的指标体系与相应排名情况。

4.2.1 城市层面的竞争力衡量指标体系

全球化与世界城市（Globalization and World Cities，简称 GaWC）研究小组是全球知名的城市研究机构，其发布的全球城市排名是对综合竞争力的权威测度。该小组通过测度全球高端生产服务业跨国公司及分支机构的联系程度，衡量城市融入全球化的程度。该排名体系在全球具有权威性和影响力（表 4-3）。

GaWC 世界城市的指标体系（2018 年）　　　表 4-3

序号	内容
1	国际性、为人熟知
2	积极参与国际事务且具影响力
3	相当大的人口
4	重要的国际机场，作为国际航线的中心
5	先进的交通系统，如高速公路及（或）大型公共交通网络，提供多元化的运输模式
6	亚洲城市要吸引外来投资，并设有相关的移民社区，例如：新加坡、上海、香港、东京、首尔。西方城市要设有国际文化和社区
7	国际金融机构、律师事务所、公司总部（尤其是企业集团）和股票交易所，并对世界经济起关键作用
8	先进的通信设备，如光纤、无线网络、流动电话服务，以及其他高速电信线路，有助于跨国合作
9	蜚声国际的文化机构，如博物馆和大学
10	浓厚的文化气息，如电影节、首映、热闹的音乐或剧院场所；交响乐团、歌剧团、美术馆和街头表演者
11	强大而有影响力的媒体，着眼于世界

续表

序号	内容
12	强大的体育社群,如体育设施、本地联赛队伍,以及举办国际体育盛事的能力和经验
13	在近海城市中,拥有大型且繁忙的港口

资料来源:全球化与世界城市《世界级城市名册》,2018,第15页

阿卡迪斯公司[1]发布的可持续城市指数主要从城市的社会效益、环境影响和经济健康水平三个方面综合衡量城市竞争力的可持续性（表4-4、图4-1）。

1 Arcadis,全球知名设计与顾问公司。

可持续城市指数报告的指标体系（2016年） 表4-4

项目	一级指标	二级指标
人类 测度社会影响	教育	识字率;大学排行榜;第三产业人口占比
	健康	平均寿命;肥胖率
	人口	抚养比率
	收入不平等	基尼系数
	支付能力	消费者物价指数;房价
	工作与生活的平衡	平均工作时间
	犯罪	凶杀率
地球 测度环境影响	环境危害	自然灾害风险
	绿色空间	城市用地中绿色空间占比
	能源	能源消费;可再生能源的份额;人均国内生产总值能耗
	空气污染	污染物的平均值
	温室气体排放	温室气体排放量(吨/人)
	废物管理	固体废物管理(垃圾填埋与回收利用);污水处理的份额
	饮用水与公共卫生	获取饮用水(每户占比);改善公共卫生(每户占比)
利润 测度经济效率	交通基础设施	营商便利指数
	经济发展	人均国民生产总值
	旅游业	每年国际游客数量
	连通性	交通连通性;宽带网络连通性;在全球网络中的重要性
	就业	就业人口数量及占总人口比例

资料来源:阿卡迪斯公司

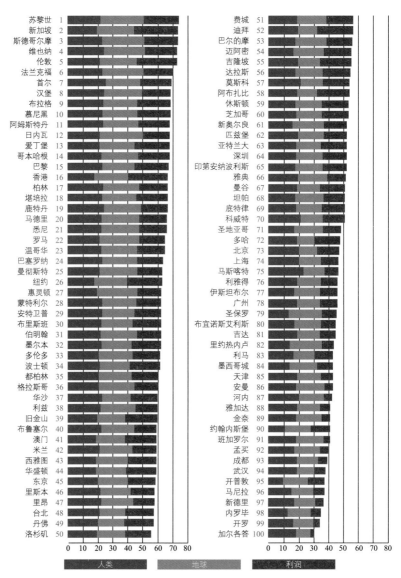

图 4-1　可持续城市指数报告中的排名

图片来源：阿卡迪斯公司

　　此外，部分机构专门对中国城市竞争力进行衡量。普华永道全球发布的权威研究报告《机遇之都》，从"区域重要城市""可持续发展与自然环境""智力资本和创新""技术成熟度""健康、安全与治安""交通和城市规划""文化与居民生活""经济影响力""成本"和"宜商环境"共 10 个维度、57 个变量对城市综合竞争力进行了深入全面的考察。

4.2.2 区域与城市群层面的竞争力衡量指标体系

当前国内外对于区域与城市群竞争力的相关研究仍集中于对城市群竞争力的概念、形成机制与影响因素的研究上，对城市群竞争力的评估大多停留在学术研究阶段，还未有官方和系统性的研究成果。

国际上认知度较高的评估是经济合作与发展组织（The Organisation for Economic Co-operation and Development，简称OECD）的研究。OECD以城市间劳动力流动性和交流频繁程度为标准，对27个成员国中78个城市群的一系列数据进行收集、使用并测算，包括各城市群的一二三产业各占国家GDP比重、人口、就业率、人均GDP、劳动生产率、劳动参与率等指标数据，并根据按购买力评价计算的人均GDP对各个城市群进行竞争力排名。

而在国内，以倪鹏飞、刘士林等为代表的学者进行了大量的城市群竞争力指标体系研究。尽管各个学者依据各城市群的特点构建了差异化的评价指标体系，但总体上对城市群竞争力的衡量指标基本从3个维度展开。其一，众多学者从城市群的资源要素及其资源产生的效益来衡量，这些指标体系多与经济实力、基础设施、科技教育和外部联系等方面相关。另一方面，部分学者着眼于城市群内各城市之间的关系，从城市群的等级规模结构、功能结构等提出指标体系的构建。此外，也有学者关注到城市群组织机制方面的重要性，对城市群协同组织机制构建了相应的指标体系。

（1）从城市群的资源要素及其资源产生的效益来衡量竞争力

刘士林从城市群内的人口、经济、生活、文化和城市首位比五个方面对城市群发展指数构建了系统的指标体系（表4-5），[1] 并对京津冀城市群、长三角城市群、珠三角城市群、成渝经济区、中原经济区、山东半岛城市群、武汉城市圈、环长株潭城市群、环鄱阳湖城市群进行打分排名（表4-6），其中长三角城市群的综合竞争力领先全国。

1 刘士林、刘新静：《中国城市群发展报告》，东方出版中心，2016，第10页。

"中国城市群发展指数"指标体系（2016 年）　　表 4-5

一级指标	二级指标	三级指标
人口指数	优质人口指数	在校大学生数与总人口比；文盲率
	职业人口指数	从业人口数比；失业人口数量
	人口生态指数	人均预期寿命；自然增长率
经济指数	经济增长指数	人均 GDP；人均社会消费品零售总额
	第三产业发展指数	第三产业占 GDP 的比重；第三产业从业人员比重；第三产业生产总值
	可持续增长指数	工业废水；工业二氧化硫排放量；工业烟尘排放量；工业固体废物利用率
生活指数	生活成本指数	居民消费价格指数（CPI）；恩格尔系数
	生活便捷指数	人均道路面积；人均绿地面积
	教育卫生服务指数	小学专任教师数；执业（助理）医师人员数（市辖区）；城市医疗救助支出
文化指数	城市文化资本指数	文化、娱乐从业人数；公共图书馆总藏量
	城市文化魅力指数	年接待游客数量；世界付费日报发行量前百名数量；全国电视收视市场前 20
	城市文化创新指数	文化产业 30 强数；国家级奖励数
城市首位比指数	经济首位比	人均 GDP 首位比；能源消耗量首位比（用电量）；第三产业份额首位比
	生活首位比	每万人公共汽车拥有量首位比；国际互联网用户首位比
	文化首位比	文化、体育、娱乐业从业人数首位比；国家级奖励数量首位比
	人口首位比	人口密度首位比；大学生人口数量首位比

资料来源：刘士林、刘新静：《中国城市群发展报告》，东方出版中心，2016，第 10 页

"中国城市群发展指数"排名（2016 年）　　表 4-6

排名	城市群	综合竞争力指数	人口指数	经济指数	生活指数	文化指数	首位比指数
1	长三角城市群	0.86	2	2	1	2	1
2	珠三角城市群	0.43	1	1	4	4	5
3	京津冀城市群	0.38	4	4	5	1	7

续表

排名	城市群	综合竞争力指数	人口指数	经济指数	生活指数	文化指数	首位比指数
4	山东半岛城市群	0.36	3	3	3	6	2
5	中原经济区	0.1	9	8	2	5	4
6	成渝经济区	0.08	7	6	9	3	3
7	环长株潭城市群	0.06	4	4	7	4	6
8	武汉城市圈	0.02	5	7	8	8	9
9	环鄱阳湖城市群	0.02	7	9	6	9	8

资料来源：刘士林、刘新静：《中国城市群发展报告》，东方出版中心，2016，第 10 页

　　倪鹏飞选取 10 大体系、35 个指标，首次对中国 15 个城市群竞争力进行了发展阶段和影响范围的评价。随着研究的进一步深入，倪鹏飞等在《中国城市竞争力报告 No.6》中对城市群竞争力评价体系进行了优化，认为可从先天竞争力、现实竞争力、成长竞争力三个层面评价城市群综合竞争力，并对中国各个城市群竞争力分别进行测度与评价（表 4-7）。

基于发展阶段构建的城市竞争力评价指标体系　　表 4-7

维度	要素	指标
先天竞争力	初始性竞争力	人口居住自然条件、人口规模、土地规模、水资源
现实竞争力	经济规模竞争力	GDP 规模
	经济质量竞争力	—
	经济结构竞争力	一二三产比重
	经济开放竞争力	进出口额、外资额和国际旅游收入
	投资竞争力	人均储蓄余额和居民储蓄规模
	体系结构竞争力	中心城市首位度和分工状况
	经济效率竞争力	—
成长竞争力	速度竞争力	群内 GDP 增长速度

续表

维度	要素	指标
成长竞争力	人口增长竞争力	群内常住人口增长速度、群外移民增长速度
	科教文卫竞争力	—
	基础设施竞争力	城市群内和城市群外的交通设施的发达程度
	可持续发展竞争力	城市群发展经济的成本问题
	中心城市竞争力	企业辐射指数和中心城市行政级制

资料来源：倪鹏飞：《中国城市竞争力报告 No.6》，社会科学文献出版社，2008

　　长三角城市群则为了明晰自身综合实力，制定切实的未来方略，选择了要素资源、经济规模、开放度、创新能力以及绿色发展 5 大维度和 13 个指标，与世界主要城市群进行比较分析。这也是首次从城市群层面提出的绿色发展的衡量维度与相应指标。

　　结合城市群的普遍特征，还有学者设计了一套由经济发展、科技实力、基础设施、区位环境、自然环境、社会环境六大要素，17 个一级指标和 88 个二级指标组成的城市群竞争力评价指标体系（表 4-8）。

基于社会经济条件构建的城市群竞争力评价指标体系　表 4-8

要素	一级指标	二级指标
经济发展	城市群综合经济实力	GDP（亿元）；人均固定资产投资；人均 GDP（亿元）；地方财政预算内收入；GDP 增长率；中心城市产值占城市群总产值的比重；人均存款余额；进出口总额；人均可支配收入；人均利用外资量；农村人口人均可支配收入；城乡经济协调度；人均消费品零售余额；城市群发展潜力
	产业竞争力	第二产业产值占 GDP 比重；第三产业产值占 GDP 比重；高新企业产值占 GDP 比重；产业密度；非公有制经济比重；产业结构和谐度
	企业竞争力	工业产品销售率；企业固定资产投资总额；资本保值增值率；企业技术创新投资总额；城市群产品在国内市场占有率；群内 100 强企业产值占全国 100 强企业产值比重；非公有制经济产值占 GDP 比重；群内企业发展潜力；外资企业产值占 GDP 比重

续表

要素	一级指标	二级指标
科技实力	科技人才	各级科研机构数量；每百人各类专业技术人员数量；高等院校数量；科技潜力；本科以上人才数量
	科技投入	政府科技投入金额；企业科研投入金额；个人和民间资本科研投入
	科技转化	科技研究项目数量；科技转化合作项目；专利申报数；科技成果转化率
		技术合同交易；科技成果对生产力进步贡献率
基础设施	能源	人均用电量；人均用水量；能源丰裕度
	交通	铁路供给量；完成货运量；高速公路供给量；交通网完善程度；完成客运量
	通信	人均邮电业务；电脑网络普及率；每百人拥有手机；通信网络覆盖率；家用电话普及率
	房地产	房地产投资总额；人均住房面积；人均商业用房面积
区位环境	地理区位	占地面积；地形地况评价
	经济区位	人均旅游收入；流动人口数量；与其周边地区交易量；对外开放程度
自然环境	资源供给	可耕地供给数量；矿产总储量；水资源储量；森林草原面积；资源丰裕度
	环境供给	人均公共绿地面积；空气优良以上天数比例；环境噪声达标面积；河流污染达标率；环境质量评价
社会环境	文化生活环境	每万人在校生个数；医疗卫生机构；福利院拥有床位；家庭文体用品支出
	政治环境	一般财政预算支出；政府宏观调控能力；新政策见效率；政府管理水平；全年失业培训人数
	社会和谐度	城乡人均收入差距；贫富差距；重大犯罪案件发生数量；社会和谐度

资料来源：张会新：《城市群竞争力评价指标体系的构建与应用》，《太原理工大学学报》2006年第 4 期

（2）从城市群的结构体系来衡量竞争力

有学者将城市群视为系统性的整体，构建了一套完整的指标体系，包括城市群规模竞争力、城市群结构竞争力、城市群功能竞争

力、城市群环境竞争力四大要素（表 4-9）。此外，还有学者构建了一套由准则层、方案层、指标层组成的阶梯式的评价指标体系，重点对城市群的结构、功能与绩效作出考量（表 4-10）。

基于结构体系构建的城市群竞争力评价指标体系 表 4-9

要素	项目	指标
城市群规模竞争力	绝对规模竞争力指标	市区总人口；市区面积；市区 GDP；市区固定资产投资；市区社会消费品零售额
	相对规模竞争力指标	市区人均 GDP；市区人均社会消费品零售额；市区地均 GDP；市区地均固定资产投资；市区地均社会消费品零售额
城市群结构竞争力	城市群产业结构竞争力	市区第三产业增加值 / 市区 GDP；市区第三产业从业人员 / 市区从业人员；市区第三产业增加值 / 城市群市区第三产业增加值；市区从业人员 / 城市群市区从业人员；全市第三产业增加值 / 全市 GDP；全市第三产业从业人员 / 全市从业人员；全市第三产业增加值 / 城市群全市第三产业增加值；全市从业人员 / 城市群全市从业人员
	城市群空间结构竞争力	市区面积 / 全市面积；建成区面积 / 市区面积；建设用地面积 / 市区面积；市区面积 / 城市群市区面积
城市群功能竞争力	城市群市区功能竞争力	市区人均邮政业务收入；市区人均电信业务收入；市区移动电话用户数；市区互联网用户数；市区人均道路面积
	城市群市域功能竞争力	全市人均邮政业务收入；全市人均电信业务收入；全市移动电话用户数；全市互联网用户数；全市客运量；全市货运量
城市群环境竞争力	城市群自然环境竞争力	市区人均绿地面积；建成区绿化覆盖率；全市工业固体废物综合利用率；全市生活污水集中处理率；全市生活垃圾无害化处理率
	城市群经济社会环境竞争力	全市实际利用外商直接投资；全市进出口总额 /GDP；全市地方财政一般预算内收入 /GDP；全市非国有及国有控股企业产值 / 工业总产值；全市每万人拥有在校大学生人数

资料来源：朱英明、童毛弟：《中国城市群整体竞争力研究》，经济管理出版社，2010，第 65 页

基于系统性构建的城市群竞争力评价指标体系　　表 4-10

准则层	方案层	指标层
结构竞争力	城市体系	城市规模（区域、人口）；城市密度；城市首位度；非农产业比重；非农从业人员比重；进出口总额占 GDP 比重
	经济结构	
	中心城市	经济规模；金融机构存贷款；规模企业；第三产业增加值比重
功能竞争力	基础能力	客运总量；货运总量；邮电业务量
	环境能力	环保经费投入；万元 GDP 用电量；万元 GDP 用水量
	投入与消费能力	固定资产投资额；直接利用外资；社会消费品零售额
	创新能力	政府科教经费投入；高新技术产业增加值比重；授权专利数
绩效竞争力	经济发展	GDP 总量；经济增长率；人均 GDP；地均 GDP
	社会进步	城市化水平；每万人拥有高校学生数；航空空运比重
	财富增长	人均居民储蓄存款余额；人均财政收入；职工平均工资

资料来源：童中贤、王丹丹、周海燕：《城市群竞争力模型及评价体系——中部城市群竞争力实证分析》，《城市发展研究》2010 年第 5 期

（3）从城市群的组织机制来衡量竞争力

部分学者在强调城市群的经济、宜居与可持续竞争力的同时，也关注到城市群一体化竞争力的指标，通过城市群会商机制和工作推进机制状况、成本共担和利益共享机制状况两个方面构建了相应的指标（表 4-11）。

基于组织机制构建的城市群竞争力评价指标体系　表 4-11

维度	要素	指标
经济竞争力类指标	经济发展水平	人均 GDP；地均 GDP；城市居民人均可支配收入
	社会经济结构	户籍人口城镇化率；第三产业增加值占 GDP 比重；第三产业就业人员所占比重
	中心城市状况	中心城市首位度
宜居竞争力类指标	教育服务状况	每万人在校大学生数；每万人在校中等职业学生数；每万人农民工随迁子女义务教育比
	医疗卫生服务状况	每千人拥有的医院卫生院床位数；医生数
	文化服务状况	每百人公共图书馆藏书；每万人拥有剧场数
	社会保障服务状况	城市常住人口基本养老保险覆盖率；基本医疗保险覆盖率；保障性住房覆盖率
	综合交通状况	城市公共交通出行比例；每万人拥有公共汽车数；人均城市道路面积；城市轨道交通数量
	信息网络系统状况	每百人拥有的电话数；每百人拥有的互联网宽带接入数；城市家庭宽带接入能力
	水利状况	城市人均供水量；城市排水管道密度
	现代能源支撑状况	城市燃气普及率；人均用气量
	公共服务设施状况	城市社区综合服务设施覆盖率
	棚户区和危房改造情况	城镇保障性安居工程住房建成量；城镇棚户区住房改造量
	绿地覆盖状况	城市建成区绿化覆盖率；城市人均公共绿地
	空气质量状况	地级以上城市空气质量优良天数比重；细微颗粒物（$PM_{2.5}$）未达标地级及以上城市浓度下降
	地表水质量状况	达到好于三类水体比例；劣五类水体比例
	安全状况	户籍人口与非户籍人口之间教育公平性，万人发生火灾数；万人交通事故死亡人数
可持续竞争力类指标	城市科技创新状况	研发经费投入占 GDP 比重；万人专利拥有量；科技进步贡献率
	城市群区域创新状况	国际科技创新基地；新型产业总部基地；自主创新示范区；国家级产学研中心的数量

续表

维度	要素	指标
可持续竞争力类指标	高端要素的集聚情况	国家自主创新示范区；自贸试验区；经济综合实验区等国家战略；高层次人才引进培养
	资源利用效率与消耗强度状况	城镇可再生能源消费比重；城镇绿色建筑占新建筑比重；城市建设用地占市区面积比重
	环境污染治理状况	一般工业固体废物综合利用率；城市污水处理厂集中处理率；生活垃圾无害化处理率
	城市群对内对外开放状况	进出口总额占 GDP 比重；全球 500 强企业总部数量；国家级会展中心和博物馆数
一体化竞争力类指标	城市群会商机制和工作推进机制状况	城市群高层发展论坛举行次数；城市联盟是否确立；联合招商会举行次数
	成本共担和利益共享机制状况	城市群协同发展投资基金的规模；城市群生态保护协同机制；成本共担和利益共享机制

资料来源：王彦彭：《新时期国家城市群竞争力指标体系研究》，《当代经济》2018 年第 11 期

4.3 从绿色发展角度衡量区域与城市群竞争力

区域与城市群发展涉及多方面，价值也反映在多方面。从绿色发展的角度来衡量区域与城市群是否具有竞争力，需要综合衡量区域与城市群在不同维度的状况。绿色发展的最终目标是为区域与城市群提供在当前和未来持续创造价值、保持繁荣的能力，通过培育内部资本来发挥自身比较优势、增强外部吸引能力，营造区域可持续运行的生产和生活方式，实现城市群均衡且协调的发展状态。

从绿色发展角度衡量一个区域与城市群是否具有竞争力，应考虑以下两条原则：

其一，贯彻五大发展理念，落实国家城镇化战略要求，将城市群作为城镇化主体形态，形成更多支撑区域一体化发展的增长极，并

建立城市群发展协调机制。促进各类城市协调发展，既要增强中心城市辐射带动功能，更要加快发展中小城市，有重点地发展小城镇。其二，对接政府工作重点，落实上级政府对城市群的发展要求，明确城市群空间范围和发展定位，优化城市群空间格局和城市功能分工，促进城市群产业转型升级，推动城市间互联互通，统筹城市群重大基础设施布局，提升城市群对外开放水平，强化生态环境保护，创新城市群一体化发展体制机制。

这意味着，我们不应只用传统 GDP、人均 GDP 等经济硬实力指标来衡量城市群发展，而是应该综合自然资源、基础设施、社会网络等多个方面的软实力指标建立内生增长的资本系统指标，同时考虑城市群内各城市间的协调布局，以及支撑这一布局的支撑体系与组织机制，来综合衡量这个区域与城市群是否具有绿色发展的竞争力。

区域与城市群的绿色发展竞争力是基于以协调发展为核心，以绿色发展为手段形成的全面可持续的竞争力，其内涵涵盖了"内生增长的资本系统""协调发展的区域布局""互联互通的支撑体系"，以及"共建共治共享的组织机制"四大维度的指标体系（表 4-12）。

从绿色发展角度衡量区域与城市群竞争力的指标体系 表 4-12

维度		指标
内生增长的资本系统	制造资本	人均 GDP；固定资产总额；就业人数（按照部门）；实际收入的变化。 创新能力；基础设施密度与可达性；旅行时间和平均速度；上网人数的百分比；农产品；通货膨胀率
	自然资本	资源消耗数量；二氧化碳排放；空气质量；濒危物种数量。 每一滴水的价值；收集废物的数量；绿化区（km^2）。 人均能源使用；生产效率和资源利用效率

续表

维度		指标
内生增长的资本系统	社会资本	城乡收入比；男性和女性的工资差距；社会福利受助人的数量。 文化资源保护与利用；地区特殊发展需要。 城市间项目和策略合作数量；犯罪率；公众参与度
	人力资本	就业增长和评估；创造新的高技能工作；高水平的教育和职业培训。 公共和私人的研究与开发支出；专利申请书；创业企业的数目；人类健康情况的改善；教育和培训的参与率
协调发展的区域布局		中心城市首位度；中小城市承载城镇人口比重；县域经济比重；建设用地紧凑度；平均上班的距离（通勤圈的大小）。 城市之间（大、中、小城市/镇）平均工资、收入差距；居民恩格尔系数差距；消费能力、消费量差距；房屋租售价格差距
互联互通的支撑体系	城市间联系	人流：人员流动（迁出/迁入人口）。 物流：跨界货物流通量、跨界货车通行数量等。 信息流：跨界技术研讨数量；共同举办活动/赛事的数量。 资本流：跨界投资的金额、跨界设立分支机构的数量、跨界产业园区与产业集聚区数量。 生态流：跨界流域治理面积
	设施网络	高速公路密度；跨界公交/轨道数量、班次；轨道的长度、高速路长度、绿道长度等
共建共治共享的组织机制		城市群所涵盖省份主要领导联席会商制度是否建立；城市群高层发展论坛或联席会议举行次数；城市联盟是否确立；联合招商会举行次数；是否有产业合作机制；城市群生态保护协同机制、成本共担和利益共享机制是否建立

目前，尽管国内外对于区域与城市群竞争力的衡量并未有一个明确的统一评价标准，但为了促进城市转变发展方式，形成可持续的发展动力，制定一个从绿色发展角度衡量区域与城市群竞争力的内涵标准显得非常重要。如果没有这样一个框架或衡量标准，部分城市仍可能延续以增长为目标的粗放发展方式，最终会导致区域与城市群在国际竞争力争夺中落后。

05

案　例

● 本章深入讨论了城市为获得绿色发展竞争力而开展的实践，旨在提供实际的案例，来说明本分册所讨论原理的应用。

5.1 "流空间"促进城市群协同发展：京津冀协同发展

1 《十八大以来，习近平这样谋划京津冀协同发展》，新华社，2017 年 4 月 14 日网络版。

2013 年 5 月，习近平总书记在天津调研时提出，要谱写新时期社会主义现代化的京津"双城记"。2013 年 8 月，习近平总书记在北戴河主持研究河北发展问题时，提出要推动京津冀协同发展。2014 年 2 月 26 日，习近平总书记在听取京津冀协同发展工作汇报时强调，实现京津冀协同发展是一个重大国家战略，要坚持优势互补、互利共赢、扎实推进，加快走出一条科学持续的协同发展路子。李克强总理在 2014 年 3 月 5 日作政府工作报告时指出，加强环渤海及京津冀地区经济协作。2015 年 6 月，中共中央、国务院印发《京津冀协同发展规划纲要》，确定了"功能互补、区域联动、轴向集聚、节点支撑"的布局思路，核心是有序疏解北京非首都功能。[1]

5.1.1 基础设施互联互通，一小时交通圈和半小时通勤圈轮廓日益清晰

在京津冀协同发展战略提出之前，京津冀轨道和公路交通互联互通程度有待提升，加快轨道、公路交通建设自然就成为了京津冀交通一体化建设的重要突破口。

轨道交通互联互通：石济客专、津保铁路、津保高铁、京津延长线、张唐铁路等多条京津冀转道交通线路开通运行。北京副中心枢纽站将连通滨海新区、唐山、平谷、廊坊北三县地区。雄安新区至北京新机场快线将建设。未来京津冀地区将形成以北京、天津、石家庄三地为中心，多节点、网格状的交通网络。四通八达的轨道交通体系，不但拉近了城与城之间的距离，还有效缓解地区间发展不平衡的状态，促进区域经济的协同发展。

公路交通互联互通：五年前，京津冀地区"断头路"总里程超过 2000km，严重影响了公路的使用效能，阻碍了正常的通行。在京津冀协同发展战略的统一部署、协调下，各地区从大局出发，重点打通了国家级高速公路"断头路"，解决了跨区域国、省干线"瓶颈路段"问题。

5.1.2 "无形"的一体化正在实现，形成虚拟的"流空间"

京津冀率先实行通关一体化改革，通关时间平均缩短 41 天；公安部支持北京创新发展 20 条出入境政策措施出台实施；京津冀区域银行业风险分担、支付清算和异地存储互惠互通等取得积极进展；京冀携手共创"共建共管共享"管理模式，国内首开"企业在河北、监管属北京"的跨区域管理体制先河；[1] 以大事件作为契机，举办冬奥会、冬残奥会是推进京津冀协同发展的重要抓手。

5.1.3 "流空间"促进区域产业分工协作，形成生产要素集聚的多个创新节点

京津冀之间的交通一体化以及协作体制机制的建立，有助于加强地区之间的人才、资金、产业等方面的流动。

疏解北京的非首都功能，调整和弱化不适宜首都的功能，把一些功能转移到河北、天津去。保持战略定力，高质量高标准推动雄安新区规划建设。以北京市级机关搬迁为契机，高质量推动北京城市副中心规划建设。[2] 促进要素在流动过程中形成北京副中心、天津滨海新区、雄安新区等多个区域"增长极"。

1 《开辟高质量发展的光明前景——以习近平同志为核心的党中央谋划推动京津冀协同发展五周年纪实》，《人民日报》2019 年 2 月 26 日第 1 版。

2 同上。

5.1.4 "流空间"促进京津冀人才一体化

1 罗旭：《京津冀人才一体化迎来破局》，《光明日报》2017 年 5 月 11 日第 15 版。

京津冀地区向来是我国人才资源最富集的地区之一。截至 2015 年底，京津冀地区拥有全国 1/2 的"两院"院士、1/4 的国家"千人计划"入选者、1/3 的国家"万人计划"入选者。在京津冀协同发展持续加速的当下，破除三地区域之间人才资质不互认、人才政策不衔接、高端人才分布不均匀、人才流动不顺畅的困局，迫在眉睫。[1]

2 同上。

人才一体化发展规划：中组部对推动京津冀人才一体化发展高度重视，强调要围绕京津冀协同发展战略，指导京津冀研究制定区域人才协调发展规划。京津冀人才一体化发展部际协调小组第二次会议审议了《京津冀人才一体化发展规划（2017—2030 年）》。这是我国人才发展史上第一个区域性人才发展规划，也是服务于国家重大发展战略的第一个专项人才规划，对于更好实施京津冀协同发展战略具有重大意义。[2]

3 同上。

体制机制促进人才在区域流动：2016 年京津冀三地党委组织部共选派 220 余名干部人才交叉挂职，有效发挥了桥梁纽带作用；三地共同开发了京津冀高级专家数据库平台，为人才资源融合共享打下了基础；举办了首都专家"石家庄行""张家口行"活动，为当地企业和地区发展出谋划策。专业技术人员职称资格互认协议等政策打破了区域限制；高层次人才创新创业园、博士后成果转化基地等京津冀人才创新创业基地落户河北，为河北人才带来更多创新创业机会。[3]

4 同上。

雄安新区作为区域人才合作交流重要地区：要把雄安新区作为京津冀三地深化和拓展人才合作交流的引领区、示范区、先行区来打造。由京津冀三地人才工作领导小组办公室牵头，围绕雄安新区建设目标任务，支持制定人才发展计划，集聚规划建设、城市管理、环境保护、产业发展、公共服务等领域高端人才。[4]

5.2 建设绿色园区培育区域内生增长动力：苏州工业园区[1]

1 王小兵、顾琦：《苏州工业园区：走出"绿色发展"新路径》，《苏州日报》2018年6月5日第2版。

2 同上。

苏州工业园区确立"环境立区""生态立区"的发展思路，推进生态文明建设，构建以绿色、循环、低碳为特色的工业共生体系，实现生态与经济量质齐飞。[2] 工业和信息化部发布 2017 年第一批绿色制造示范名单，苏州工业园区成功跻身全国首批 24 家绿色园区，显示园区在持续提升绿色发展水平中的丰硕成果。

专栏：苏州工业园在持续提升绿色发展水平中的丰硕成果

2017 年园区单位 GDP 能耗为 0.254 吨标煤 / 万元，大大优于 2017 年国家平均 0.65 吨标煤 / 万元的水平，低于美国等发达国家水平（0.281 吨标煤 / 万元）；单位 GDP 新鲜水耗为 2.87 立方米 / 万元，与 2016 年相比降低 9.5%，园区由此跻身全国首批"国家生态工业示范园区"。

2017 年园区环境空气质量全年优良天数 249 天，优良率 68.3%，相较于 2016 年同比提高 2.5 个百分点，其中颗粒物 $PM_{2.5}$ 浓度同比 2016 年下降了 15.2%。

5.2.1 绿色产业助力园区升级

高新产业体系建设：园区重视产业升级，大力发展高端高新产业，打造"2+3"特色产业体系（"2"：电子信息、机械制造等两大主导产业；"3"：生物医药、人工智能、纳米技术应用等三大特色新兴产业）。截至 2017 年底，累计吸引外资项目 4800 多个，实际利用外资 300 亿美元，92 家世界 500 强企业在区内投资了 156 个项目。主动对接"中国制造 2025"，园区大力发展智能制造，促进"工业化＋信息化"深度融合，推动制造工厂向企业总部转型。[3] 主动融入"一带一路"倡议和长江经济带国家战略，形成一批"走出去"项目，园区发展经验和模式得到较好复制推广。

3 同上。

1　王彩娜:《苏州工业园领
　　跑绿色供应链》,《中国经
　　济时报》2008年12月4
　　日第7版。

2　同上。

3　王小兵、顾琦:《苏州工
　　业园区:走出"绿色发
　　展"新路径》,《苏州日
　　报》2018年6月5日第
　　2版。

4　同上。

产业结构优化:园区积极推动绿色产业发展,提高现代服务业产值比重,加强绿色产业扶持,以区域产业链的循环化发展、制造业资源利用水平的提升以及支撑平台的建设为基础,大力构建循环型产业体系。[1]

绿色供应链体系建设:苏州工业园区启动2018年度绿色供应链领跑计划。根据计划,苏州工业园区优选20家制造业企业,协助其建立具有行业代表性的绿色供应链体系,并借助"绿云智造"平台推广和技术、金融服务等优势,不断提高企业竞争力,助其做大做强,实现可持续发展。[2]

循环经济发展:在大力推进经济高质量发展的同时,园区还大力发展生态工业、循环经济和节能低碳产业。2017年园区工业固体废物(含危险废物)综合利用(回收和循环再利用等)率达到82.38%,比2016年提高了10个百分点。[3]

节能减排,从身边做起:园区在交通、社区等领域均开展了大量的节能低碳推广与实践,包括引导和支持园区电动汽车充电设施运营工作,进一步规范了充电基础设施的建设与运营。继续开展园区低碳社区试点建设工作,辅导5家试点社区按照低碳试点社区验收要求进行验收审查。[4]

专栏:苏州工业园发展循环经济

启动了处置能力3万吨/年的危废处置项目;与重点煤炭消费企业签订控煤责任状。

联合苏州市节能监察中心对纳入使用S9(1997年前投运)及以下型号高耗能配电变压器(被列入淘汰目录)的14家企业开展节能监察,继续督促企业温室气体排放报送工作等。截至2017年底,14家企业全部完成淘汰工作。

深化能源审计,将能源审计范围扩大到园区143家年耗能1000~5000吨标煤的企业,帮助企业降低能耗,提高用能管理能力。

组织动员企业开展多种形式的节能低碳能力建设,经过甄选并下达年度工作计划,全年开展能源管理体系建设企业达到4家。

继续推广分布式光伏项目、分布式天然气项目、区域微网项目和储能项目;组织开展园区热网互联调研、编写苏州工业园区热网互联调研报告等。

5.2.2　生态治理提升生态环境质量

生态治理项目实施：园区坚持生态优先，每年实施一批重点生态治理项目。2017 年，园区下达了 51 项生态文明建设重点工程项目，分为基础设施建设、环境卫生和绿色交通体系建设、绿色建筑与清洁能源推广、生态修复治理、污染减排与节能和环境管理能力提升六个大类，明确了全年生态文明建设的重点工作。具体包括：基础设施建设、绿色建筑与清洁能源推广、生态修复与治理和环境管理能力提升 4 个类别中的污厂存量污泥处置、天然气分布式能源站项目等 5 项子任务，车坊生活垃圾中转站、餐厨垃圾处理厂等 7 项子任务等。此外，结合自身实际，梳理水环境治理、大气环境治理、土壤环境治理、生态修复和保护、环境基础设施建设、环境风险防范能力提升行动等 7 个方面 17 个重点项目。[1]

信息化环境执法管控：园区不断提升环境执法信息化水平，完成了移动执法手机客户端开发，升级了移动执法系统。提高环境应急处置能力，积极落实《苏州工业园区突发环境事件应急预案》要求，整合园区环境应急处置资源，建立了应急人员、物资、专家库，并定期开展重点区域环境应急演练。此外，园区还强化企业环境管理水平，开展了第二期重点企业环境管理人员能力认证培训，共有 45 家企业 490 余人次参加培训；完成了 79 家企业环境应急预案备案工作；完成了 2 家重点环境风险企业环境安全达标建设。[2]

园区通过工业用地更新、提升公交走廊沿线用地的开发强度、加强地下空间的开发利用等途径，梳理土地利用空间，有效提升园区土地利用的效率。

专栏：苏州工业园进行生态治理 [3]

2017 年全年，园区完成了 25 家涉及危险化学品生产、使用、储存经营企业的现场审核，拆除 4 家企业的化工生产线，完成了 9 家企业的技术改造；

1　王小兵、顾琦：《苏州工业园区：走出"绿色发展"新路径》，《苏州日报》2018 年 6 月 5 日第 2 版。

2　同上。

3　同上。

完成了 79 家 "散乱污" 企业整治，关停 73 家，提升改造 6 家。

大气污染减排与防治方面，编制了 2017 年大气污染物减排方案，完成 64 家企业挥发性有机化合物（VOCs）整治任务；对在建地块开展扬尘治理专项检查，开具提供整治单 33 份。

水污染综合整治方面，出台了《苏州工业园区水源地保护区管理办法》，推进阳澄湖水源地达标建设及保护工作；开展对列入市整治考核清单的 4 条黑臭河道和 19 条疑似黑臭河道的整治工作。

土壤污染防治方面，编制完成了《苏州工业园区土壤污染防治工作方案》，完成三木化工、雅士利等地块的土壤调查工作；委托第三方机构开展了土壤环境现状调查及土壤环境质量评价；针对重点企业开展了土壤中期评估。

1　袁琳：《荷兰兰斯塔德 "绿心战略" 60 年发展中的争论与共识——兼论对当代中国的启示》，《国际城市规划》2015 年第 6 期。

5.3　城市群如何共建共享生态基底：荷兰兰斯塔德[1]

兰斯塔德的基础在于由阿姆斯特丹、鹿特丹、海牙和乌特勒支形成的环形城市结构，以及保留中间被称为 "绿心" 的大面积农业地区。兰斯塔德由两部分组成，即北翼的阿姆斯特丹、乌得勒支及周边城市，南翼的海牙、鹿特丹和周边城市。兰斯塔德地区包括四个大城市——阿姆斯特丹、鹿特丹、海牙和乌得勒支。在四个大城市周围有很多中小型城市（图 5-1）。

1995 年荷兰规划部组织的关于绿心的大讨论征集了大量有关绿心发展的意见，确定绿心未来的管理聚焦在两个明确的方面：一方面是限制，限制城镇化对绿心的侵蚀以及无序的工业和住房发展；另一方面是激励，激励绿心的功能向更加绿色的方向发展，提供更多的游憩和自然空间。在达成 "绿心共识" 的基础上，20 世纪 90 年代中期以来的若干 "绿心战略" 的新发展举措代表了大城市地区大面积农业地区保护、规划、管理的新趋势，主要有如下几点。

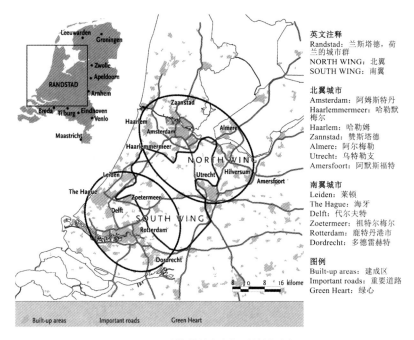

英文注释
Randstad：兰斯塔德，荷兰的城市群
NORTH WING：北翼
SOUTH WING：南翼

北翼城市
Amsterdam：阿姆斯特丹
Haarlemmermeer：哈勒默梅尔
Haarlem：哈勒姆
Zannstad：赞斯塔德
Almere：阿尔梅勒
Utrecht：乌特勒支
Amersfoort：阿默斯福特

南翼城市
Leiden：莱顿
The Hague：海牙
Delft：代尔夫特
Zoetermeer：祖特尔梅尔
Rotterdam：鹿特丹港市
Dordrecht：多德雷赫特

图例
Built-up areas：建成区
Important roads：重要道路
Green Heart：绿心

图 5-1　兰斯塔德多中心网络结构分布
图片来源：Evert Jan Meijers, Synergy in Polycentric Regions. Complementarity, Organising Capacity and Critical Mass.*Sustainable Urban Areas*, no.13（2007）

5.3.1　更为明确的绿心整体管理模式

　　为了更好地统一管理，建立涉及面广阔的绿心平台。在这一平台上，各省、市、部门的代表共同参与协调，进行决策。到 21 世纪初，在兰斯塔德区域整合发展的大趋势下，绿心成为兰斯塔德地区的独立管理区，作为四区之一，是政府管理的专门对象，探索出了一种大都市地区中央开放地带独立管理模式。

5.3.2　设立"国家地景区"并与遗产保护相结合

　　现有的政策往往对绿心内部景观质量的保护和更新作用不大。21世纪初，新的保护措施逐步酝酿，荷兰借鉴英国显著自然风景地带（Area Outstanding Natural Buoaty，简称 AONB）的做法，划定了国家地景区（National Landscapes），由此绿心成为了国家地景区的重要组成部分。划定国家地景区旨在强调这一地区景观的历史文化价值，和联合国教科文组织世界遗产地的保护模式相结合，在共识的基础上更加全面地保护传统农业地区、优美的风景资源以及历史与生态遗产，成为已有的开放空间保护政策的重要补充。

5.3.3 大型基础设施建设充分考虑绿心环境价值

随着"绿心共识"的推进，绿心的环境与生态价值更加受到重视，在经济利益和环境利益的矛盾抉择中，新的基础设施建设要优先考虑对地景的保护，试图穿过绿心的高速铁路也要以保护绿心生态为出发点。1998 年，考虑到绿心的风景与生态价值，荷兰政府决定将阿姆斯特丹与鹿特丹之间计划兴建的连接欧洲高速铁路网，时速可达 300km/h 的高速铁路设计为绿心隧道，以减少对绿心的不良影响。兰斯塔德地区的不少公路建设还采用了"多功能隧道"的形式，将绿色空间保护、建设与道路的发展相结合。

5.3.4 面向未来的三角洲地区设计

2000 年左右，除了巩固绿心保护策略，面向未来的区域竞争，兰斯塔德地区开展了整合绿心与区域的地区设计实践。

将绿心作为重要的生态基础设施继续发展。为提升绿心整体的生态服务功能，伊欧·伟杰斯基金会专门组织了一个公开竞赛——"设计绿心大都市内边缘"，强调利用绿心产生清洁水，并在绿心—城市交界地带发展水体空间，从而形成持久的生态地带。[1]

兰斯塔德地区开始推进城乡一体、区域一体的建设。国家空间发展部制定的"荷兰 2030"长期规划中认为："今天兰斯塔德和绿心应

1 袁琳：《荷兰兰斯塔德"绿心战略"60 年发展中的争论与共识——兼论对当代中国的启示》，《国际城市规划》2015 年第 6 期。

当形成完整的综合体。绿心应当被强化为绿色世界城市的公园……为达到这一目标，绿心中的乡村居民和城市居民都将成为兰斯塔德的居民。"这一说法给予了乡村、城市居民同等的地位。未来的绿心限制政策还将继续，而一体化的居民身份可以更好地促进过剩的绿心人口到城市环中定居。

同时，兰斯塔德地区还尝试将"网络社会"的概念融入城乡一体的发展，绿心不再被城市视作相互对抗的部分，而成为具有高度活力的大都市地区以及乡村、自然和水共同构成的地景，并形成更加复杂、整体的社会与空间体系。为面向长远发展，荷兰提出了"三角洲大都市"的理念，将三角洲地景设想成一个大都市地区的公园体系，探索能够构建新的系统并能保持旧有遗产价值新途径。

5.4 城市群中的中小城市如何发展：英国媒体城

2010 年，英国广播公司（简称BBC）提出"实现创意未来"的激进改革计划，计划中强调数字化变革和组织架构"瘦身"，指引BBC把节目制作中心转移到有低生产成本优势的地方，使节目创造产业链的创意前沿和生产末端功能分开，保障合理利润额。因此，2011 年BBC 将总部主体功能搬离伦敦都市区，迁往曼彻斯特，建设英国媒体城（Media City UK，简称MCU）。MCU 位于曼彻斯特西部的索尔福德和特拉福德之间的通海运河旁，是曼彻斯特、利兹、谢菲尔德等城市组成的英国中部城市群中的中小城市。BBC 及其带来的要素集聚促使这个中小城市在城市群中找到自身定位。

5.4.1 选择曼彻斯特的原因

坚实的经济基础：曼彻斯特是英国西北地区的经济重镇，它在经济转型时期对创意产业这一新经济部门的洞察力相当敏锐。

城市转型的能动性：曼彻斯特是近代工业革命的发源地，城市面临着产业的急速转型，希望通过打造文化创意产业集聚区，带动整个英格兰西北的创意产业发展。

集聚的"智力资本"：曼彻斯特拥有全英国著名的高等教育、文化和媒体制作机构，如曼彻斯特大学、曼彻斯特城市大学、索福德大学等，索福德大学拥有全英国最大的数字媒体专业。

原有的浓厚创意氛围：曼彻斯特是创意之都，2003 年曼彻斯特地区的创意产业贡献了 27 亿的英镑产值，占英国西北地区该产业总产值的 63%；2004 年，创意产业从业人口占西北地区该产业就业人口的 60%。曼彻斯特本地已经存在着格兰纳达电视台及众多衍生的独立媒体制作公司。

5.4.2 BBC 为曼彻斯特带来了企业、人才与投资

自身人才与服务的注入：BBC 儿童频道、教育频道、新媒体与技术部、广播五台及体育频道、拥有 1 亿收视人群的 BBC 体育频道搬迁至曼彻斯特媒体城。BBC 伦敦总部大约 1500 名员工、曼彻斯特北方总部所有 800 名员工在此就业，直接影响员工高达 2300 余人。

上下游配套企业进驻：英国最大商业节目供应商——英国独立电视台在这里建立了全欧洲最大的电视摄制中心。数字化媒体服务供应商多克 10（Dock 10）进驻。国际电视产业引领者卫星信息服务（Satellite Information Services）在这里建设了英国北部最大的广播传输

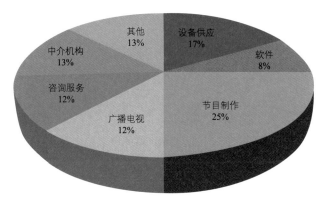

图 5-2　MCU 入驻企业类型占比情况
图片来源：作者自绘

中心（图 5-2）。这些主要企业的入驻也吸引了下游中小型文化创意产业，如内容制作、接待服务、经纪公司，形成完整产业链。

教育人才引入：媒体城与地区附近的 16 所高等教育机构（以曼彻斯特城市大学和曼彻斯特大学为主体）、继续教育机构以及超过 30 个社区教育组织进行良性互动。萨尔福德大学也在驻媒体城设立新校区，并与 BBC 开展教育、培训、研究等合作，这里每年有近 2000 名学生入读，持续为媒体城的发展注入新血液。

商业投资吸引投入：企业和大学自然而然地吸引了大批商户聚集，包括有高端百货玛莎、苏格兰皇家银行、酒店。数年间收获了超过 14 亿英镑公私投资的媒体城，被称为英国北部的金丝雀码头。

5.4.3　MCU 产业功能

MCU 是欧洲首个以发展创意、媒体及科技行业为目的建设的商业中心，是欧洲第二大创意及数字化媒体中心。园区占地近 15 万平方米，重要的行业包括：广播媒体制作，如戏剧、娱乐、儿童、商业及动画等；增强现实，如游戏、视觉特效、特殊技术摄影、沉浸式 3D、计算机合成图像；广告与数字媒体，如市场公关、图像制作、数字化设计、品牌、用户体验等。

5.4.4　MCU 的实际成效

广播电视行业发展：英国广播公司（BBC）在曼彻斯特媒体城制作了数千小时的电视、广播与在线内容，包括儿童、体育、未来媒体、BBC 早餐、英国 BBC 爱乐乐团、地区性电视与本地广播服务等。

创新产业孵化：BBC 大楼周边是由欧盟赞助的中小企业孵化器项目，[1] 扶持了众多数字媒体公司迅速成长。它还将为 1150 家媒体企业、创意及相关产业预留充足的发展空间。

经济与税收收入：媒体城已经吸引超过 250 家创新型企业，10000 多年轻白领不断涌入这个充满活力的新区，如今每年已为索尔福德地区贡献超过 2 亿英镑的收入，未来将预计达到 10 亿英镑。

就业岗位增加：目前在曼彻斯特约有 70000 人活跃于创意数字化媒体技术行业，它每年还将提供 1500 个实习机会，提供 15500 个就业机会。

地价上涨：媒体城的成功促使索尔福德的房价日渐飙升，2014 年同比增长率高达 12%，超越伦敦近 4 个百分点。曼彻斯特的年轻租客比例也远高于英国其他地方，不断涌入的年轻白领让曼城房产市场变得供不应求，2010—2016 年曼城的租金收益率都是全英第一，2016 年的租金收益率更是直接逼近 8%。

1　该项目名称为
The Landing。

5.5 城市群如何共建协同发展机制：欧盟区域合作机制[1]

1 施雯、王勇：《欧洲空间规划实施机制及其启示》，《规划师》2013 年第 3 期。

欧盟是迄今为止全世界政治经济一体化进程最快的区域组织，到 2017 年底共有成员国 27 个。其宗旨在于促进各成员国在经济上互联互通，实现商品、资本、人员和劳务在经济共同体内部的自由流动，并保证成员国经济的稳定增长、社会的长足进步和人民生活条件的不断提高。为实现这一目标，欧盟通过成立统筹的组织机构，制定共同的空间规划，以及设立广泛的基金支持，建立起城市群协同发展的机制体制。

5.5.1 完善的组织机构运作

欧盟机构运作是在 20 世纪 50 年代后期为实现欧共体的目标而形成的。它的主要组织机构是理事会、执行委员会、欧洲议会和欧洲法院。

欧洲理事会由欧盟成员国国家元首或政府首脑及欧盟委员会主席组成，是欧盟主要政治决定的中心论坛，主要为欧盟确定指导方针和方向，对重大利益事件进行协调并作出决定，是欧盟的领导机构。部长理事会根据讨论的内容不同而由有关部门的部长组成，在部长理事会之下，由各成员国派出常驻理事会的"大使"组成常驻代表委员会。欧洲执行委员会兼有参与立法、监督和执行管理等多种职能，是欧盟的执行机构，负责欧盟条约的执行和管理欧盟日常事务。欧洲议会是欧盟的监督、评议和咨询机构，其成员是由欧盟各国人民的代表经各国普选直接产生，欧洲议会在欧盟决策过程中的作用是逐渐加强的。欧洲法院的法官由各成员国协商之后指定，其基本职能是解释欧盟的条约，仲裁欧盟机构之间、成员国之间，以及个人之间涉及欧盟事务的纠纷，是欧盟重要的仲裁机构。

5.5.2　通过欧洲空间规划引导政策协同一致

20世纪80年代以后，欧盟不断扩张，欧盟内部发展不平衡问题和跨国协调问题日益突出，亟需出台一个能够统领欧盟空间发展的纲领性文件，以推动欧盟空间一体化进程，满足经济社会日趋融合的需求。在此背景下，制定欧洲空间规划被提上议事日程。《欧盟空间发展战略》（ESDP）于1999年在波茨坦非正式部长会议上提出。ESDP是一个非法定的指导性文件，作为各成员国空间发展规划的指导框架，旨在加强欧盟社会经济的凝聚力，实现均衡的可持续发展，引导各成员国的空间发展政策和部门政策间的协调一致，促使各成员国、城市和地区间更紧密地合作。

（1）多层级的合作体系

①横向合作

欧洲空间规划实施过程中的横向合作指负责成员国事务的各国家官员与在每一个政策层面负责空间发展事务的官员之间的合作，体现在欧盟、国家、地区三个层面组织机构之间的交流合作。

欧盟层面。为了避免与空间相关的共同体政策之间彼此冲突或抵消，强调欧洲议会、欧洲委员会等超国家机构既各司其职又互相合作，共同推动空间规划实施。

国家层面。国家间的空间合作是推动欧洲空间规划实施的关键，它通过联动不同空间层面的政策推动国家合作，从而提升次区域及欧盟整体的竞争力。

地方层面。地方政府是欧洲空间发展政策的主要执行者，它们通过彼此合作及自下而上的方法实现共同体的目标。例如，地方空间规划相关的部门通过共建、共享公共设施，开展基于ESDP的合作，这是实现区域空间发展政策目标的关键。

②纵向合作

欧盟、国家及地方三者间相互渗透、协调合作。从国家层面至地方层面，跨国家层面是合作的重点和政策实施的核心层面，它起着上承欧盟、下接地方的作用。各层面组织机构始终遵循自上而下的原则，坚持将 ESDP 作为制定、实施各自空间规划的准则，并将其从欧盟层面贯穿至地方层面，根据自身具体情况调整各自的空间发展战略，从而谋求可持续发展。欧洲各区域地方层面空间规划的制定实施以各成员国的空间规划作为参照物，避免各层面的空间规划面临冲突的困境，使 ESDP 在地方层面得到真正的实施。

（2）多样化的社会经济政策

多样化的社会经济政策是推动各项规划实施的重要保障，在与欧盟空间规划实施密切关联的社会经济政策（包括共同体竞争政策、泛欧网络、结构基金、共同农业政策、环境政策和欧洲开发银行贷款政策等）中，欧盟结构基金和凝聚与区域发展基金是欧洲空间规划实施的重要资金保障。

欧盟结构基金设立于 1975 年，为各种政策措施的实施提供了充分的资金支持，其中主要包括欧洲区域发展基金和欧洲社会发展基金两大部分，而其他部分则用于较小的专项资助项目。欧洲区域发展基金是一种专门服务于新战略计划的基金，它支持区域发展计划的实施，特别是支持成员国在跨国界、跨区域意义上的一些重大项目的合作。该基金的支持对象是各级政府，主要用于支持符合欧盟整体发展战略目标的政府项目。

（3）网络化的监督约束机制

欧洲空间观测网络是一个综合性的监督工具，通过欧盟统计局、各成员国的空间研究机构及私人公司等多种部门获取数据信息，重点研究各成员国地区的人口、失业、通勤、人均 GDP、气候变化等，分析欧盟 27 个成员国在各方面的不平衡测度，同时兼顾许多欧盟机构之间的相互合作协调问题，促进各部门联合开展工作和项目。

主要参考文献

[1] GARDINER B, MARTIN R, TYLER P. Competitiveness, productivity and economic growth across the European regions: proceedings of 44th ERSA Annual Conference, Porto, August 25-29, 2004[C]. Barcelona: European Regional Science Association, 2004.

[2] Cornell SC Johnson College of Business. Global innovation index 2018: energizing the world with innovation[R]. Cornell: WIPO, 2018.

[3] DEAS I, GIORDANO B. Conceptualising and measuring urban competitiveness in major English cities: an exploratory approach[J]. Environment and Planning A, 2001, 33(8): 1411-1429.

[4] WEBSTER D, MULLER L. Urban Competitiveness assessment in developing country urban regions：the road forward [R]. Washington, D.C.：The World Bank，2000.

[5] MALECKI E J. Hard and soft networks for urban competitiveness[J]. Urban studies, 2002，39（5-6）：929-945.

[6] GEDDES P. Cities in evolution：an introduction to the town planning movement and to the study of civics[M]. London：Williams and Norgate，1915.

[7] GOTTMANN J. Megalopolis or the urbanization of the northeastern seaboard[J]. Economic Geography，1957（3），189~200.

[8] BEGG I. Cities and competitiveness[J]. Urban Study, 1999, 36（5-6）：795-809.

[9] MALECKI E J. Knowledge and regional competitiveness[J]. Erdkunde, 2000，54（4）：334-351.

[10] SOTARAUTA M, LINNAMAA R. Urban competitiveness and management of urban policy networks: some reflections from Tampere and Oulu[J]. Technology, Society and Environment, 2001(2): 3-5.

[11] NICKELSBURG J, AHLUWALIA S, YANG Y. High-speed rail, urbanization and housing affordability revisited: evidence from the Shinkansen System[R/OL]. Los Angeles: UCLA Anderson Review,2018. https://www.anderson.ucla.edu/faculty-and-research/anderson-review/high-speed-rail.

[12] HILLS P, YEH G O A. New town developments in Hong Kong [J]. Built Environment, 1983, 9（3/4）: 266-277.

[13] KRESL K P, SINGH B. Competitiveness and urban economy: twenty-four large US metropolitan areas[J]. Urban Study, 1999, 36（5-6）: 1017-1027.

[14] PORTER E M. Location, competition and economic development: local clusters in a global economy[J]. Economic Development Quarter, 2000, 14（1）: 15-34.

[15] ÖNSEL Ş, ÜLENGIN F, ULUSOY G, et al. A new perspective on the competitiveness of nations[J]. Socio-Economic Planning Sciences, 2008, 42（4）: 221-246.

[16] Netherlands Ministry of Infrastructure and the Environment. Summary national policy strategy for infrastructure and spatial planning: making the Netherlands competitive, mobile, livable and safe[R/OL],2013. https://www.government.nl/topics/spatial-planning-and-infrastructure/spatial-planning-in-the-netherland.

[17] The Economist Intelligence Unit. The global liveability report 2017 [R/OL],2017. https://store.eiu.com/product/global-liveability-survey/.

[18] 阿方索·维加拉，胡安·路易斯·德拉斯里瓦斯.未来之城——卓越城市规划与城市设计 [M].赵振江，段继程，裴达言，译.北京：中国建筑工业出版社，2017.

[19] 埃比尼泽·霍华德.明日的田园城市 [M].金经元，译.北京：商务印书馆，2000.

[20] 陈雯，闫东升，孙伟.长江三角洲新型城镇化发展问题与态势的判断 [J].地理研究，2015，34（03）：397-406.

[21] 崔功豪.中国城镇发展研究 [M].北京：中国建筑工业出版社，1992.

[22] 崔功豪，魏清泉，刘科伟.区域分析与区域规划 [M].北京：高等教育出版社，2006.

[23] 代合治.中国城市群的界定及其分布研究 [J].地域研究与开发，1998，17（2）：40-55.

[24] 顾朝林.中国城镇体系：历史·现状·展望 [M].北京：商务印书馆，1992.

[25] 黄玫瑜，秦小珍，周金苗."机器代人"与城镇新增长模式——以广东省佛山市顺德区为例 [J].热带地理，2019，39（1）：11-19.

[26] 克里斯塔·莱歇尔，克劳斯·R·昆兹曼，扬·波利夫卡，等.区域的远见——图解鲁尔区空间发展 [M].李潇，黄翊，译.北京：中国建筑工业出版社，2016.

[27] 李学鑫.分工、专业化与城市群经济 [M].北京：科学出版社，2011.

[28] 李郇，徐现祥.边界效应的测定方法及其在长江三角洲的应用 [J].地理研究，2006（5）：792-802.

[29] 联合国人居署.城市规划——写给城市领导者 [M].王伟，那子晔，李一双，译.北京：中国建筑工业出版社，2016.

[30] 宁越敏.中国都市区和大城市群的界定——兼论大城市群在区域经济发展中的作用 [J].地理科学，2011，31（3）：257-263.

[31] 彼得·霍尔，凯西·佩恩.多中心大都市——来自欧洲巨型城市—区域的经验 [M].罗震东，等，译.北京：中国建筑工业出版社，2010.

[32] 富田和晓.新版图说大都市圈 [M].王雷，译.北京：中国建筑工业出版社，2015.

[33] 宋家泰，顾朝林.城镇体系规划的理论与方法初探 [J].地理学报，1988（2）：97-107.

[34] 王丽，邓羽，牛文元.城市群的界定与识别研究 [J].地理学报，2013，68（08）：1059-1070.

[35] 吴蕊彤，李郇.同城化地区的跨界管治研究——以广州—佛山同城化地区为例 [J].现代城市研究，2013（2）：87-93.

[36] 许学强，程玉鸿.珠江三角洲城市群的城市竞争力时空演变 [J].地理科学，2006，26（3）：257-265.

[37] 许学强，周一星，宁越敏.城市地理学 [M].第二版.北京：高等教育出版社，2009.

[38] 姚士谋.中国城市群 [M].合肥：中国科学技术大学出版社，1992.

[39] FRIEDMANN J.规划全球城市：内生式发展模式.城市规划汇刊 [J]，2004（4）.

后记

编写本教材实为一项艰巨的任务，在撰写过程中深感区域与城市群的复杂性而对写作难以把握，编写组数次讨论、几易其稿，终使本书完稿，供大家批评指正。

本编写小组是由中山大学中国区域协调发展与乡村建设研究院院长李郇，助理研究员杨思、麦夏彦、黄玫瑜等，以及新加坡邦城规划顾问有限公司总规划师陈启宁先生，中国科学院南京地理与湖泊研究所陈雯研究员、黄丹奎硕士研究生组成。此外，广州中大城乡规划设计研究院的李敏胜高级规划师，中山大学地理科学与规划学院城市与区域规划系的研究生郑莎莉、任思儒、秦雅雯、许伟攀、张帆、隆容君、杨锦坤等也做了一定工作，他们的成果在本书中都有所反映。住房和城乡建设部住房公积金监管司牵头，房地产市场监管司、城市建设司、村镇建设司协助本书编写工作，在此表示感谢。

由于时间关系，呈现在读者面前的书稿只是我们研究的部分成果。国内外从绿色发展角度对区域与城市群竞争力的研究还在不断深入，这一研究领域还有很多需要进一步探讨的问题，我们也在持续探索的路上。此书既是分享一些成果，也是借机抛砖引玉，希望读者多提建议，交流研究或实践的心得，互相促进，共同进步。

最后特别指出，本书插图中，除了已说明图片来源的，其余均来自中山大学中国区域协调发展与乡村建设研究院。

李郇

2019 年 2 月